国家社科基金项目成果 *经管* 文库

Research on the Revitalizing of
Modern Agricultural Engineering Facility Assets

现代农业工程设施资产的盘活问题研究

杜宇能　张杰　宋淑芳／著

中国财经出版传媒集团
经济科学出版社
Economic Science Press

图书在版编目（CIP）数据

现代农业工程设施资产的盘活问题研究/杜宇能，张杰，宋淑芳著. —北京：经济科学出版社，2021.9
（国家社科基金项目成果经管文库）
ISBN 978 - 7 - 5218 - 2812 - 2

Ⅰ. ①现…　Ⅱ. ①杜…②张…③宋…　Ⅲ. ①农村 - 基础设施 - 融资 - 研究 - 中国　Ⅳ. ①F323. 9

中国版本图书馆 CIP 数据核字（2021）第 175200 号

责任编辑：崔新艳
责任校对：刘　昕
责任印制：范　艳　张佳裕

现代农业工程设施资产的盘活问题研究
杜宇能　张　杰　宋淑芳　著
经济科学出版社出版、发行　新华书店经销
社址：北京市海淀区阜成路甲 28 号　邮编：100142
经管中心电话：010 - 88191335　发行部电话：010 - 88191522
网址：www. esp. com. cn
电子邮箱：expcxy@ 126. com
天猫网店：经济科学出版社旗舰店
网址：http://jjkxcbs. tmall. com
北京季蜂印刷有限公司印装
710 × 1000　16 开　9. 5 印张　170000 字
2021 年 10 月第 1 版　2021 年 10 月第 1 次印刷
ISBN 978 - 7 - 5218 - 2812 - 2　定价：45. 00 元

国家社科基金项目成果经管文库

出版说明

经济科学出版社自 1983 年建社以来一直重视集纳国内外优秀学术成果予以出版。诞生于改革开放发轫时期的经济科学出版社，天然地与改革开放脉搏相通，天然地具有密切关注经济领域前沿成果、倾心展示学界翘楚深刻思想的基因。

2018 年恰逢改革开放 40 周年，40 年中，我国不仅在经济建设领域取得了举世瞩目的成就，而且在经济学、管理学相关研究领域也有了长足发展。国家社会科学基金项目无疑在引领各学科向纵深研究方面起到重要作用。国家社会科学基金项目自 1991 年设立以来，不断征集、遴选优秀的前瞻性课题予以资助，我社出版了其中经济学科相关的诸多成果，但这些成果过去仅以单行本出版发行，难见系统。为更加体系化地展示经济、管理学界多年来躬耕的成果，在改革开放 40 周年之际，我们推出"国家社科基金项目成果经管文库"，将组织一批国家社科基金经济类、管理类及其他相关或交叉学科的成果纳入，以期各成果相得益彰，蔚为大观，既有利于学科成果积累传承，又有利于研究者研读查考。

本文库中的图书将陆续与读者见面，欢迎相关领域研究者的成果在此文库中呈现，亦仰赖学界前辈、专家学者大力推荐，并敬请经济学界、管理学界给予我们批评、建议，帮助我们出好这套文库。

经济科学出版社经管编辑中心

2018 年 12 月

本书为国家社会科学基金青年项目"现代农业工程设施资产的盘活模式研究"（编号 15CJY052）和安徽省教育厅高校人文社科重点项目"现代农业工程设施资产的融资问题研究"（编号 SK2018A0129）成果。

安徽农业大学经济管理学院

安徽农业现代化研究院（安徽省重点智库）

安徽农业大学农科教结合研究中心（安徽省高校人文社会科学重点研究基地）

安徽省现代农业产业技术体系乡村发展战略与政策专业组

前言

Preface

用现代的物质装备进行农业生产是农业现代化的标志之一。随着我国农业现代化的深入推进，农业农村领域形成了大量的现代农业工程设施。这些设施已经成为农业农村资产的重要组成部分。

现代农业工程设施资产种类很多，如小型农用水利设施、农业路网沟渠配套设施、钢结构温室大棚、粮食烘干设施、收储存放新鲜农产品的冷库设备、规模化畜禽养殖设施和工厂化作物栽培装置等都属于现代农业工程设施资产。相对于承包土地的经营权和农民住房财产权，现代农业工程设施资产的投资额往往更大，具有较高的固定资产价值和营利能力，是优质的农业农村资产，在理论上有更高的融资价值。然而在各地农村金融实践中，运用现代农业工程设施资产融资却并非易事。

笔者通过对上海、北京、安徽、江西、江苏、陕西、福建的多个县区的实地调研，结合文献以及理论分析，发现现代农业工程设施资产体量巨大，但难以通过设施资产实现融资，而融资难的原因主要有以下六个方面：一是现代农业工程设施资产的用地难；二是现代农业工程设施资产的产权不清晰；三是现代农业工程设施资产的交易受阻；四是现代农业工程设施资产的定价难；五是涉农贷款的体制机制动力不足；六是对现代农业工程设施资产融资缺乏足够的研究和重视。

针对以上六个问题，本书从融资视角，对现代农业工程设施资产进行了分类研究，分析了现代农业工程设施资产的利益相关者关系，通过问卷和案例调查梳理问题并验证方案，提出了不同类型现代农业工程设施资产的融资模式。本书认为，现代农业工程设施资产的盘活，在不同地区和不同阶段可以采取分步式的方法逐步推进，逐步盘活。本书设计了现代农业工程设施盘活的分步路径。在未来3~5年的时间内，一是改革政策资金扶持现代农业的方式，用奖补的模式取代投资的模式；二是在都市型现代农业地区先行先试，率先盘活这些地区的现代农业工程设施资产；三是通过信贷扶持政策和行业约束政策，"一拉一推"促进信贷资金流向现代农业；四是认真落实关于设施农业用地的相关规定，放宽对现代农业工程设施资产用地的过度约束，同时采用技术手段，在设施建设施工时，少占耕地、少破坏耕作层；五是加强政策性农业担保体系和设施农业保险产品的开发；六是改革基层干部的激励机制。在未来 5~10 年的时间内，一是实现农业生产的集约化和设施化；二是扩大农村建设用地的流转范围，扩展试点农村建设用地的用途；三是将增量支农惠农资金重点投入现代农业发展；四是进一步活跃农村产权交易市场；五是实现农村基层干部的体制化。在未来 10~20 年的时间内，一是发展现代农业，全面弥合城乡差距；二是持续有力地对现代农业进行补助和扶持；三是完善与现代农业工程设施资产盘活相配套的体制机制。

在此基础上，围绕现代农业工程设施资产盘活，提出了以下一些政策建议：提高对现代农业工程设施资产盘活的重视程度；采用技术创新和政策倾斜双重手段解决现代农业工程设施用地问题；将农村确权工作扩展到现代农业工程设施资产领域；对现代农业发展实施精准和高效的政策支持；引导现代农业工程设施的高水平建设和高效利用；采取补助和考核的双重手段促使涉农银行从事与现代农业工程设施相关的融资活动；将现代农业工程设施资产交易纳入农村产权交易市场体系；建立多目标导向的基层干部考核激励机制；完善现代农业工程设施盘活的其他配套机制。

目 录
Contents

第1章 问题的提出

近年来，科技对农业供给侧结构性改革和现代农业发展的支撑引领作用明显增强。用现代化的物质条件装备农业已经成为我国现代农业发展的重要特征，越来越多现代农业设施的投入和使用有效地推进了我国农业现代化进程。随着现代设施农业的发展，我国的农业逐渐从土地密集型、劳动密集型向资本密集型、技术密集型转变。设施农业行业快速发展给农村带来了众多的现代农业工程设施，这些工程设施已经成为优质的农业农村资产。农业农村资产总量的不断聚集一方面从形态上改变了农村和农业的面貌，另一方面也改变了农业生产要素的组成结构，这些新变化使得研究现代农业工程设施资产成为一个有价值的议题。

现代农业的发展离不开现代化的农业设施，也离不开农村金融的资金支持。在政策的鼓励和扶持下，新型农业经营主体逐渐成为现代农业发展的主力军，很多新型农业经营主体通过土地流转等手段，实现了期限较长的规模经营，并且加大了对农地的投入，形成了越来越多的现代农业工程设施。从功能层面看，现代农业工程设施是现代农业实施的载体；从价值层面看，现代农业工程设施则是一种资产，这就使得现代农业工程设施可能成为连接使用功能和金融价值的媒介。本研究就是要在对现代农业工程设施技术经济特点深入分析的基础上，探究如何挖掘现代农业工程设施资产的金融价值，从而为改善农村金融的环境、提升农业农村的融资能力提供思路和政策建议。

1.1 研究的背景

1.1.1 概念阐释

设施农业以现代农业工程技术为基础，进行人工建造，调节自然环境，打造最佳的湿度、温度、光照等自然条件，是一种高效优质的新型农作方式。在实践中，设施农业所包含的形态有现代农业种养设施（各类大棚设施、牲畜养殖设施、渔业养殖设施和工厂化种养设施等）、小农水利设施（田间灌排工程、小型水库和中小型泵站等）、现代农业配套工程设施（农产品贮藏设施、机械冷藏库、供暖设备及设施、沼气设施、田间路网电力设施和秸秆处理设施等）。由于种养品种不同，设施类型的设计也有所不同，因此现代农业工程设施具有较多的种类和形态。跟随国家大力推动农业技术进步的步伐，各地方政府工作人员、新型农业经营主体、龙头企业、技术人员相互合作，集聚形成大量的人力资本及科研技术，提高了农产品的生产效益及技术含量。

现代农业工程设施资产盘活是在符合国家要求的前提下对现代农业工程设施资产进行价值提升和价值变现的过程，是在分析现代农业工程设施资产结构及类型的基础上，通过地方实践和创新方式把现代农业工程设施资产由"沉淀"变"活"的过程。通过资源配置及资产管理的优化，可以缓解新型农业经营主体抵押贷款难的问题，助推乡村经济发展。

设施资产与农村金融发展正相关。在农村金融大力发展的背景下，现代农业工程设施资产本应获得较大的抵押贷款价值，但在实际中，现代农业工程设施资产的抵押贷款问题很难解决。因此，需要对现代农业工程设施资产未能抵押贷款的问题进行分析，打破抵押贷款难的问题，盘活现代农业工程设施资产。

1.1.2　行业背景

从行业的角度看，大量的现代农业工程设施集中在设施农业行业，并且相关的统计分析也多从设施农业行业出发，因此在这里首先梳理我国设施农业行业的发展现状。

随着科技的快速发展，我国以塑料大棚和日光温室为主体的设施农业获得快速发展，智能传感器、远程控制系统等科技元素在设施农业中得到了广泛应用。设施农业成为我国转变农业发展方式的关键载体。大力发展设施农业，不仅能在一定程度上摆脱气候对农业生产的不利影响，提高农业生产的稳定性，还能大幅度提高农产品的产量和品质，增加产品国际市场竞争力，使蔬菜、肉、蛋、奶能够实现全年生产，均衡上市供应。

不同于传统农业主要依靠土地和人力，现代农业工程设施的发展是农业集约化、商品化、规模化、产业化的重要体现。我国农业产业正在向产出高效、产品安全、资源节约、环境友好的现代农业方向发展，发展设施农业是实现现代农业的有效途径。在各级政府、有关部门、科研单位、生产企业共同推进下，中国设施农业的发展规模、产品和效益都有了很大提升。统计数据显示，我国设施农业 2013 年产值为 12071.57 亿元，2020 年设施农业产值增长速度达到 11.07%，行业年产值为 21049.32 亿元，总体规模有了很大的扩张（见图 1-1）。

图 1-1　2013～2020 年中国设施农业行业工业总产值

资料来源：国家统计局和旗讯产业研究院《中国设施农业行业研究报告》。

1.1.3　政策背景

高效农业、设施农业是农业现代化发展的方向，也是政府重点关注的农业新业态。过去设施农业有关扶持政策的重点主要体现在设施农业用地方面。为了适应现代农业发展的需要，促进设施农业健康有序发展，2010 年，国土资源部、农业部下发了《关于完善设施农用地管理有关问题的通知》，明确了设施农用地管理有关要求和支持政策。随着现代农业和土地规模化经营不断发展，需要进一步完善现行的设施农用地政策，规范用地管理。2014 年国土资源部、农业部联合下发了《关于进一步支持设施农业健康发展的通知》，将设施农业用地具体划分为生产设施用地、附属设施用地以及配套设施用地。该文件界定了设施农用地范围，支持设施农业发展用地，规范了设施农用地的使用，加强了设施农用地的服务与监管。在 2018 年自然资源部和农业农村部联合"大棚房"问题专项整治行动之后，[①] 为适应农业现代化发展趋势，建立设

---

① 农业农村部迅速部署"大棚房"问题专项清理整治行动，http://www.moa.gov.cn/xw/zwdt/201809/t20180907_6157012.htm.

施农业用地保障长效机制，促进现代农业健康发展，2019 年 12 月，自然资源部会同农业农村部下发了《关于设施农业用地管理有关问题的通知》，在用地划分、使用永久基本农田范围、用地规模、用地取得等方面有了进一步改进突破。

随着各地支农力度的不断提高，很多地方对农业设施采取了多种支持方式。广东省番禺市从 2007 年起围绕当地特色产业，用以奖代补的方式对达标的园艺和养殖设施给予设施价格三分之一的补贴，到了 2010 年，广东省其他地区也根据番禺市的经验开始对设施农业予以补贴（林武坤，2010）。山东省2009 年累计拿出资金 2100 万元，用于包括设施农业在内的创新和技术示范，建立县以上设施农业示范基地 33 处，形成了国家、集体、个人和股份合作社共同参与的设施农业机械化发展模式（山东省农业机械管理办公室，2010）。2014 年福建省出台了《2014 年设施农业大棚补贴项目申报指南》，优先对投入多且单位面积资金投入密集的设施农业进行补贴（福建省农委，2014）。此后农业部在浙江、江西、辽宁将设施大棚纳入补贴试点，2018 年，农业部、财政部印发了《2018～2020 年农机购置补贴实施指导意见》，一方面继续加大了对农机购置的补贴力度，另一方面也扩大了补贴范围，设施农业中的温室大棚设备首次被纳入补贴范围。

尽管全国范围内的设施农业补贴起步较晚，但是很多地区的政府部门通过现代农业产业园等形式对现代农业工程设施进行了资金投入。现代农业产业园的建设主体很多，名称也不尽相同，但所采用的模式主要是政府和社会资本合作 PPP（Public‑Private‑Partnership）模式，也就是由政府和企业共同投资、经营。在调研中发现，政府在农业产业园的经营中主要投资园区的"三通一平"和灌溉设施等基础设施，企业主要投资现代化大棚等生产设施。在收益分配方面，有以企业为主的收益模式，有带动贫困户的收益模式，也有建设‑经营‑转让（Build‑Operate‑Transfer，BOT）模式。政府对现代农业工程设施的投入，带动了现代农业的发展，促进了农业的转型升级，也起到了示范作用。

1.1.4 研究的技术经济背景

传统农业的主要投入要素是土地和劳动，现代农业则是技术密集型和资本密集型的产业，特别是高端设施农业，越来越具有工厂化的特征，具有产量高、生长周期可控、抗风险能力强、品质优异和单位面积投资量大的特点。为了盘活现代农业工程设施用于融资，必须考虑现代农业工程设施在使用方面的技术经济背景，具体包括六个方面。一是单位面积土地的高投入。目前源自荷兰技术的连栋温控物联网大棚亩均造价能够达到近 5 万元，而普通钢构大棚亩均造价则在 3000 元左右。二是需要完善的水利设施。由于设施农业多采用无土栽培和水肥一体，对水源和水质的要求高，因此设施农业在运行时需要配套完善的水渠体系、水体净化设备和稳定的水源供给。三是对土地的刚性需求。很多现代农业工程设施，如冷库、烘干设备、晒场、附属建筑需要在田间地头选址、以节约运输成本，同时需要"硬化土地"（孙杰，2016），然而由于我国实行严格的土地管理制度，在农用地上硬化土地是受到严格管控的，这也造成了部分现代农业工程设施不符合相关的国家法规。四是对农业劳动力的需求。尽管现代设施农业可以采取基于物联网的自动化、智能化生产，可以替代部分劳动，但是在设施建设阶段、采摘阶段和日常管理中，仍然需要投入相当数量的劳动力。五是对技术和管理的要求高。设施农业涉及现代的工程技术、园艺技术、计算机和物联网技术，需要专业的、高素质的劳动力从事经营和管理。六是对农用物资的要求高。很多设施农业生产的产品都是无公害、绿色或者有机食品，因此对种子、化肥、农药的要求较为严苛，需要精选优质的种苗、高效化肥和低毒低残留农药，因此现代化设施农业生产对农资的要求较高。

1.1.5　农村社会环境背景

改革开放以来，我国的农村社会发生了深刻的社会变迁，并且不断呈现出新的特征。当前，农村社会环境的变化主要体现在以下几个方面。

一是土地经营权集中，土地规模经营的比重提高。随着城镇化进程和非农就业水平的提高，全国的土地流转比例逐年上升，到 2018 年，全国家庭承包耕地流转面积超过了 5.3 亿亩，比 2016 年增长了 15%，超过了全国承包地面积的三分之一。① 与此同时，随着土地经营权供给的扩大和政府干预的减少，土地经营权流转的价格也逐渐回归理性和市场，以安徽为例，皖北地区平整的高产农田流转租金在每亩 700 元左右，江淮分水岭和皖南地区的流转租金在每亩 500 元左右，市场化的土地流转价格有效地降低了规模经营的土地

---

① 农村经济持续发展　乡村振兴迈出大步——新中国成立 70 周年经济社会发展成就系列报告之十三，http://www.stats.gov.cn/ztjc/zthd/sjtjr/d10j/70cj/201909/t20190906_1696322.html.

成本。

二是农村劳动力短缺，劳动力价格快速上升。农业劳动属于室外高强度、重体力劳动，随着全社会生活水平的提高，愿意从事农业劳动的劳动力数量出现断崖式的下降，同时劳动力的老龄化、女性化趋势也十分明显。如今，在安徽农村地区，从事一天农业劳动的报酬普遍在 150 ~ 200 元之间，而且多数以50 岁以上的中老年劳动力为主，这让新型农业经营主体的经营成本快速增长。2019 年蔬菜和水果价格快速攀升的一个重要原因就是劳动力成本的激增，因为蔬菜和水果生产是劳动密集型的行业。

三是政府支持农业的深度和强度都在提升。2004 年和 2014 年是政府支持农业发展的两个重要标志性年份。2004 年在全国范围内取消了农业税，开始了全面工业反哺农业、城市反哺农村的国家战略，2014 年在保留原有 1700 亿元农业普惠性补贴的基础上，新增补贴开始向粮食等重要农产品、新型农业经营主体及主产区倾斜。如今，县乡政府在农经领域的角色已经彻底转型为国家惠农支农政策的实施者，承担了越来越多的资金奖补、教育培训、农田基础设施建设的工作。

四是精准扶贫进入全面收官阶段。精准扶贫过程中产业扶贫与设施农业的建设产生了很多交集，很多地区因地制宜由政府、企业和科研院所共同投入，打造扶贫示范项目，形成了很多现代农业工程设施资产，为拓展农村金融渠道提供了基础条件。

1.1.6　农村金融的发展现状

目前来看，我国已经建立起了包括农业银行、农商银行、邮储银行、村镇银行、贷款公司、农村资金互助社、涉农金融科技公司在内的多层次农村金融服务机构体系，农村金融服务的广度和深度正在逐步提高，但是相关研究数据显示，我国农村金融服务仍有待提升。

零壹财经和中业兴融联合发布的《农村金融服务发展报告2019》（以下称《报告》）显示，截至 2018 年年末，金融机构全口径涉农贷款余额为 32.7 万亿元。农业贷款余额为 3.9 万亿元，同比增长仅为 1.8%，全年增加额仅有1000 亿元。在农村互联网金融领域，开展农村金融业务的新型互联网金融平台，在互联网金融专项整治全面铺开的大背景下，2018 年仅剩下 56 家，当年涉农网贷借贷余额约 370 亿元，在整个网贷行业借贷余额中的占比仅为2.29%。《报告》指出，农村金融缺口高达 3 万亿元，农户融资难、融资贵依然是农村社会经济发展的一大阻碍。

可供对比的是，截至 2018 年末，金融机构人民币各项贷款余额 136.3 万亿元，同比增长 13.5%，增速比上年年末高 0.8 个百分点；全年增加 16.17 万亿元，同比多增 2.64 万亿元。其中，仅房地产贷款的余额就达到了 38.7 万亿元，同比增长 20%，远远高于农业贷款余额。

从各个金融机构来看，2018 年银行涉农贷款仍然是小众业务，增长乏力。《报告》称，截至 2019 年 4 月 15 日，已公布 2018 年年报的 28 家银行（包括 A 股和港股上市银行）的部分数据显示，各行涉农贷款在总额中的占比较小（见表 1-1）。2018 年各行涉农贷款占总贷款的比值平均值为 2.04%，中位数为 1.57%，峰值出现在九台农商行，对应比值为 5.8%。排除最高值影响，各行涉农贷款占总贷款的比值平均值进一步缩小至 1.9%；而在 2017 年，这一数字为 2%。从各行涉农贷款占总贷款的比值同比变化上看，在可获取数据的 28 家银行中，19 家银行涉农贷款占总贷款的比重趋于下行，下行银行数量占比达 67.86%。

表 1-1　　　部分银行 2017 年和 2018 年涉农贷款业务的统计分析　　　单位：%

银行	2017 年涉农贷款占总贷款的比重	2018 年涉农贷款占总贷款的比重
工商银行	2.50	2.40
建设银行	3.50	2.80
农业银行	3.20	4.80
中国银行	1.32	1.34
交通银行	2.32	1.99
邮储银行	3.79	3.98
招商银行	2.08	1.96
平安银行	0.60	0.30
浦发银行	0.93	0.77
光大银行	1.71	2.43
民生银行	0.38	0.46
浙商银行	0.72	0.61
宁波银行	0.54	0.43

续表

银行	2017 年涉农贷款占总贷款的比重	2018 年涉农贷款占总贷款的比重
江阴农商行	1.93	2.48
郑州银行	1.78	1.18
青岛银行	2.88	3.86
无锡农商行	4.23	3.79
长沙银行	1.13	0.70
贵阳银行	0.89	1.54
广州农商行	5.03	3.40
江西银行	0.92	0.85
重庆银行	1.20	0.90
徽商银行	0.41	0.24
中原银行	2.20	1.60
甘肃银行	12.10	5.10
盛京银行	0.90	0.70
天津银行	0.30	0.60
九台农商行	6.70	5.80

资料来源：零壹财经和中业兴融联合发布的《农村金融服务发展报告 2019》。

近年涉农网贷笔均借贷余额变化明显，数字从 2014 年顶点时的 41.99 万元逐步下降至 2018 年的 6.3 万元。受到监管政策限制、平台经营选择等因素影响，网贷平台的涉农贷款更加体现了小额分散的特征。从各类机构整体的借贷情况上看，涉农贷款业务呈现出总量小、业务少、单笔金额低的特点。

1.2　研究的议题

农业农村资产长期处于"沉淀"状态，是当前农村金融难以真正有效支持农业农村发展的根本原因。传统的农业农村资产主要包括农用地的承包经营权、宅基地及其地上房屋、村集体资产，围绕这些农业农村资产，2015 年国务院下发了《国务院关于开展农村承包土地的经营权和农民住房财产权抵押贷款试点的指导意见》，开展了农村承包土地的经营权和农民住房财产权的抵押贷款，简称"两权"抵押贷款。在经过三年试点、一次延期之后，"两权"抵押贷款试点至 2018 年年底已经期限届满。据悉，"两权"抵押贷款在 2019 年起拟不再延期，其中，农村承包土地的经营权抵押贷款问题已通过修改农村土地承包法予以解决；农民住房财产权抵押贷款问题，恢复施行有关法律规定，这表明该类资产抵押贷款的试点似乎并不成功（牛玉莲，2017）。

农地经营权抵押贷款问题已经被写入最新修订的农村土地承包法，其中第四十七条规定，承包方可以用承包地的土地经营权向金融机构融资担保，并向发包方备案。这意味着农地抵押贷款业务的法律障碍基本消除，而相比之下，农房财产权抵押贷款问题更为复杂，全面推开还有赖于宅基地改革的深化和突破。此外还涉及物权法、担保法等财产权利制度的修改。由此可见，农业农村资产的"盘活"是一个复杂的问题，难以一蹴而就。

决策层和学术界将农村资产的盘活重点放在"农村承包土地的经营权和农民住房财产权"这两方面权利中，符合农业农村资产的历史形成特点。为推动农村产权制度改革和农业金融创新，很多地区已在逐步开展农村土地承包经营权、宅基地使用权和林权抵押贷款，但近年来，随着现代农业的深入发展，农业农村资产呈现出了新的变化，也带来了新的问题，即新型农业经营主体投入的设施等固定资产的产权不清晰，大量的固定资产投入处于"沉淀"状态。对于投资于土地上的大量农业资产能否进行抵押贷款，改革的步伐才刚刚涉及。

尽管学术界对农业固定投入形成的资产尚未完全给出统一的定义，但是采用"现代农业工程设施"这个概念，得到了同行的认可和使用（土树茂，2012；杜宇能和宋淑芳，2016；杜宇能，2018）。现代农业工程设施是现代农业的重要载体，也是很多新型农业经营主体重要的生产资料。

随着现代农业工程设施的不断增加，在农村形成了大量的现代农业工程设施资产，这既是现代农业发展的特征，也给农村金融带来了新的、潜在的标的物。比照工业的固定资产投入，对于建设在国有土地上的工业设施，如果证照齐全，资产存量较大，金融机构对于这些企业发放固定资产贷款的意愿是较高的，一般而言贷款数额能够达到工业设施评估价值的50%。但笔者调研中发现，现代农业工程设施资产却很难获得贷款，而这些现代农业工程设施是具有较强营利能力的，并且随着现代农业的发展，很多现代农业工程设施资产投资额在不断上升。除了投资额度较高，现代农业工程设施资产的使用年限也随着设施技术水平的提高而延长。例如当前源自荷兰技术的物联网连栋温控大棚的使用年限能够超过 20 年，普通温室大棚的使用年限也能够超过 15 年，而冷库、烘干等现代农业配套工程设施的使用年限则更长。

由此可见，现代农业工程设施资产是投资金额高、营利能力强、使用年限较长的优质农业农村资产，但是在笔者的调研中发现，新型农业经营主体很难通过现代农业工程设施资产抵押获得融资，这既是农村金融亟待破题的梗阻，也是值得深入探究、寻找机理的学术问题。

1.3　研究的意义

1.3.1　实践意义

随着现代农业工程设施资产存量越来越大，如何从融资视角盘活这些现代农业工程设施，有助于响应相关主体（特别是新型农业经营主体）的关键诉求。从资产投入的视角看，有一定规模的固定资产存量形成，就能够同时形成固定资产的金融价值，通常而言就是抵押贷款价值。现代农业工程设施资产却只有固定资产的形成，而无法实现其融资功能，进而使得其金融价值存在大量闲置和浪费。研究现代农业工程设施资产的融资，有助于拓展农村金融抵押物的来源。

1.3.2　理论意义

首先对现代农业工程设施资产的界定和分类，重点关注了现代农业工程设施资产的融资价值，从另一个视角丰富了对农业农村资产的研究；其次通过研究现代农业工程设施资产的盘活，丰富了农村金融关于农村抵押物信贷可得性的研究；再次研究现代农业工程设施资产盘活的具体路径，丰富了农村金融工具和操作办法的相关研究；最后对现代农业工程设施资产利益相关者的研究，丰富了农户、新型农业经营主体、基层干部等主体的行为学研究，进而为其他农业农村相关研究和决策提供参考。

1.4　国内外研究的评述

1.4.1　关于政府支持农村金融的研究

政府通过相关政策支持农村金融发展，在国际上是较为普遍的通行做法，世界银行在 2015 年发布的《公共信用担保中小企业计划》（*Principles for Public Credit Guarantee Schemes*，*CGSs*）（Sági J，2017）中指出政府应当在信用担保机制中有所作为，从而解决融资市场失灵的问题，在这一计划中政府扮演农村和中小企业融资管道的疏通者角色。美国对于农业农村的金融支持政策是一贯而长久的，美国农业部组建了专门服务农场和农业项目的国家金融中心（National Financial Center，NFC），为涉农客户提供融资服务。美国农业部还成立了美国农业信贷联盟（Agriculture Federal Credit Union，AFCU），专门负责涉农项目的融资支持。在融资利率方面，美国的政策性农业贷款利率较低，通常低于同类型可比项目的融资价格的 10%（Brown J D and Earle J S，2017）。在法国，其农村金融体系由法国农业信贷银行、互助信贷联合银行、大众银行和法国土地信贷银行组成，该体系是在政府的主导下建立并运行的，同时还要受到政府的管理和控制（Buckland R and Davis E W，2016）。德国各州普遍建立了农业产业信用合作社，由加入合作社的农户或农场主提供资本金，再由州立银行向信用合作社拆借资金，对会员提供农业领域经营发展的融资支持，形成了稳定有效的长效机制（Yildiz Ö et al.，2015）。日本农村金融体系的主要特点一是政策性金融机构与其他农村合作金融机构联合向农民办理贷款，同时农村合作金融机构可以以较低的利息从政策性金融机构获得资金；二是政府大力支持本国合作金融系统和农业协会，从资金上进行"注血"式帮扶；三是建立了由政府监管，采用信用保障手段的农村金融风险防范机制（Lockwood W W，2015）。目前我国的农村金融支持政策工具主要包括支农再贷款、扶贫贴息贷款、涉农贷款增量奖励、农村金融机构定向费用补贴以及涉农贷款税收优惠等方面。尽管我国的农村金融支持政策由上述工具形成"组合拳"，但是我国农村金融有效供给不足而造成的农村金融发展不平衡、不充分状况仍然存在（潘妍妍和涂文明，2019）。

1.4.2　关于农业融资抵押物的研究

通常而言抵押融资的资金可得性要高于信用贷款，也是银行控制贷款风险的重要途径，然而农业融资往往缺乏有效的抵押物。过去无论是决策层还是学术界都认为农村房屋及集体土地使用权不宜作为贷款的抵押物（向兰俊，2001）。随着农村改革的不断推进，物权法关于集体所有土地使用权不得抵押的规定逐渐被突破，例如在我国设施农业发达的山东寿光地区在 2009 年就开始了以土地收益、宅基地房产做抵押进行贷款试点，其中就包含了以设施大棚为抵押物的贷款（耿帅和冯婷婷，2011）。此后在其他一些经济发达地区，也开始尝试农村宅基地使用权和土地承包经营权抵押贷款，例如 2012 年中国人民银行和国家发展改革委员会等部委联合印发的《广东省建设珠三角金融改革创新综合实验区总体方案》中提出了对农村宅基地使用权和土地承包经营权抵押贷款的放行（刘兆莹，2012）。万广军和杨遂全（2011）认为这种来自地方的试验和改良做法，对于理清农村产权关系、拓展农业农村抵押物的种类和体量是有积极作用的。与地方试验创新做法一致的是，相关研究也认为完善现有立法，扩大农村信贷抵押物的范围是改革的方向（范秀红，2014）。

2015 年 8 月国务院出台了《关于开展农村承包土地的经营权和农民住房财产权抵押贷款试点的指导意见》，开始在全国范围内推进农村承包土地（耕地）的经营权和农民住房财产权（以下称为"两权"）抵押贷款试点工作，到2019 年 4 月"两权"抵押贷款试点收官。通过试点和相关法律制度的完善，农地经营权抵押贷款问题已经被写入最新修订的《农村土地承包法》，其中第四十七条规定，承包方可以用承包地的土地经营权向金融机构融资担保，并向发包方备案。这意味着农地抵押贷款业务的法律障碍基本消除，而相比之下，农房财产权抵押贷款问题更为复杂，全面推开还有赖于宅基地改革的深化和突破。此外还涉及物权法、担保法等财产权利制度的修改。有学者认为结合前期的试点经验，当前的两权抵押贷款仍然存在缺乏价值评估手段、抵押物处置变现难、财政奖补政策过于烦琐、风险缓释补偿金不到位等难点（田逸飘等，2016；罗德安，2019）。

1.4.3　关于设施农业抵押融资的研究

学术界关于农业抵押物的研究主要围绕"两权"展开，针对农业设施作为抵押物的设想，也有学者指出如果这些农业设施能够抵押贷款，对于经营主体来说是重大的利好（祝娟，2016），然而在实践中，利用现代农业工程设施资产融资却困难重重。随着农村劳动力成本和农资价格的上升，新型农业经营主体普遍面临着较大的资金需求，对于利用现代农业工程设施资产进行融资的需求十分迫切（杜宇能等，2018）。

设施农业保险是与现代农业工程设施资产抵押密切相关的农村金融议题。随着全球气候变暖和极端气候的增加，农业设施受到损失的概率在不断上升（Zhang et al.，2017；Chen et al.，2016）。设施农业保险能够进一步规避农业的自然风险，并且为现代农业工程设施资产的融资提供保障。陕西省于2009年就开始实施"银保富"试点项目，推进陕西设施蔬菜的发展（秦丞，2012）。我国设施农业最发达的地区之一的上海市，也在2009年通过市区财政给大棚设施保险50%的保费补贴，开创了我国设施农业保险财政支持的先例（齐皓天和龙文军，2012）。此后其他一些地区也开展了设施农业保险的探索与实践，但全国范围内设施农业保险尚未进入国家农业保险政策性支持体系，这也在一定程度上限制了现代农业工程设施资产的信贷可得性（王超，2017；徐慧和戴飞虎，2014；申鑫等，2013；李建平，2013）。

从以上研究可以发现，现代农业工程设施资产直接抵押贷款在理论上有法规层面的障碍，在实践中有操作层面的困难，因此也有研究尝试了采用其他方式对现代农业工程设施进行金融支持，比如采用信用贷款的模式或者政策性担保的模式（陈旭和张国春，2016；王丽娟，2018）。

1.4.4 文献综合述评

新型农业经营主体融资的需求日渐迫切，无法用现代农业工程设施资产融资也加剧了他们资金链的紧张程度，然而这一现实问题没有得到重视与充分研究。现有的研究主要以农业设施为研究对象，然而农业农村的资产不仅限于农业设施，现代农业种养设施、小农水利设施、现代农业配套工程设施都具有营利能力，都是重要的农业农村资产，因此现有研究对象的范围尚有不足。从研究的层次看，关于现代农业工程设施的高水平论文数量也较少，需要进行深入研究。遗憾的是，现有的研究针对设施农业的融资，多为定性研究，缺乏定量分析，可以将定性研究和定量研究相结合，更准确地把握现代农业工程设施资产融资的难点以及所提出的盘活模式的可行性。

现代农业工程设施种类多，产权关系复杂，现有研究没有充分地从产权或技术经济特征上对其进行充分的分类研究，这使得对现代农业工程设施资产融资的路径分析显得不够具体和有针对性。为此，在本研究中，将尝试对现代农业工程设施资产进行分类，分析不同类型现代农业工程设施资产的产权结构、技术经济特点和融资的可能性，从而提出针对性和有差别的融资模式。现有研究多关注农业设施融资的难点，而没有提出非常有效的解决路径，使得这一问题的困难多、办法少，为此本书力图提出具有可操作性的解决路径。

此外现代农业工程设施资产不是孤立的存在，它与农村土地、农村集体产权、农村基本经营制度、农地经营权、脱贫攻坚之间都存在着密切的联系，然而现有研究对现代农业工程设施资产的这种关联的研究也尚不充分，为此本研究将针对这些问题进行剖析，从而全面认识现代农业工程设施资产，使得提出的盘活模式更具可操作性。

1.5　研究的主要内容

1. 现代农业工程设施资产管理的现状。通过在上海、北京、安徽、江西、江苏、陕西、福建等地区的实地考察，结合行业统计资料，把握各地现代农业工程设施资产管理的现状，评估各地现代农业工程设施资产"沉淀"的普遍比例；总结现代农业工程设施资产在使用和管理方面的实践做法，把握其呈现的新特点；对各地现代农业工程设施资产的信贷现状进行梳理，分析其潜在的融资能力。

2. 现代农业工程设施资产的产权限制剖析。通过案例和理论分析总结现代农业工程设施资产的产权结构特征，把握其公私产权的组成和比例关系。从不同角度分解现代农业工程设施资产的产权分类，探讨如何明晰现代农业工程设施资产产权，进而为现代农业工程设施资产的融资作出产权制度安排。

3. 现代农业工程设施资产用地问题研究。通过现代农业工程设施资产用地问题的实地考察，研究土地使用权与有形资产的依附关系。梳理现有农业用地特别是设施农业用地的相关政策制度和金融机构的贷款条例，将其与实地考察的结果相对照，从中发现改变现代农业工程设施资产"无土地证"难题的解决办法。

4. 现代农业工程设施资产利益相关者剖析。通过梳理现代农业工程设施的利益相关者，发现现代农业工程设施的利益相关者主要包括中央政府、地方政府、基层干部、新型农业经营主体、涉农金融机构和普通农户。在这些利益相关者中，与现代农业工程设施资产融资最为密切的利益相关者是新型农业经营主体、涉农金融机构、中央政府和基层干部。采用利益相关者剖析方法，分析利益相关者之间的关系，评估各利益相关者的利益关系本质，能够推动现代农业工程设施资产融资情景下各利益相关者的策略选择。在此基础上，为提出针对各个利益相关者的政策建议提供理论依据。

5. 现代农业工程设施资产盘活的金融制度瓶颈解析。梳理金融法律法规中关于农村抵押贷款的现行制度，分析一般抵押贷款设立要件与现代农业工程设施资产作为抵押物时的冲突，如现代农业工程设施资产与现行的"房、地一同抵押原则""自有并且具有经营支配权原则"之间的冲突，从而判断现代农业工程设施资产出现"沉淀"的金融制度原因。在此基础上，研究解开这些冲突的可能性，从而为盘活现代农业工程设施资产的金融制度设计提供思路。

6. 现代农业工程设施资产的盘活模式及配套制度设计。针对现代农业工程设施资产的融资问题，很多地区做出了有益的探索。从实证研究的角度出发，借助学校和省农业主管部门的平台，评估典型地区实践做法的效果和效益，总结现代农业工程设施资产盘活做法的经验，进而为盘活模式提供现实依据。在此基础上，寻找现代农业工程设施资产盘活的依托对象，设计出与我国农业发展阶段相适应的现代农业工程设施资产的盘活模式。

7. 现代农业工程设施资产抵押贷款的实现路径总结。融合现代农业工程设施资产的盘活模式以及与之配套的支农金融制度，提炼具体的操作方法与实现路径，并给出政策建议。

8. 现代农业工程设施对其他"三农"问题的影响。现代农业工程设施是现代农业的重要载体，是体量巨大的农业农村资产，是支农惠农资金的主要流向，是农业项目建设成果，也是新型农业经营主体和农户的生产资料。因此，现代农业工程设施对很多其他"三农"问题有着显著的影响。这一部分研究了现代农业工程设施资产对农村土地管理、集体产权管理、基本经营制度、农地经营权管理、农业补贴支持政策和脱贫攻坚的影响和相互关系。

1.6　研究的技术路线

本书研究的技术路线如下：

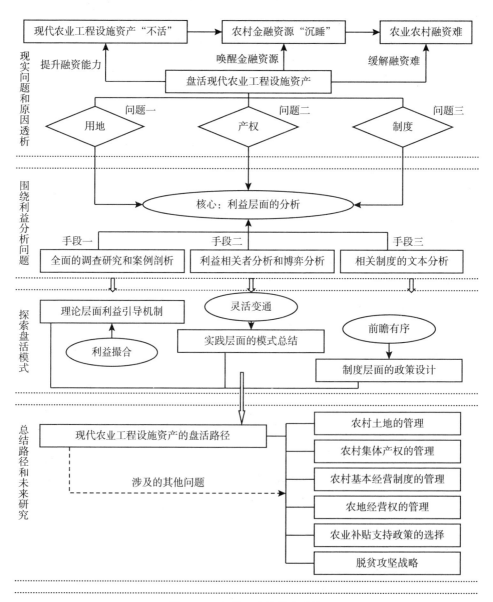

图 1-2　本书研究的技术路线

1.7　本章小结

本章进行现代农业工程设施的介绍，探索其研究背景及意义。现代农业工程设施分布在现代农业的各个领域，随着农业现代化的发展，设施规模不断扩大，大量的现代农业工程设施形成资产，成为现代农业生产要素的重要组成部分。

通过国内外研究可知我国对农村实施了一系列优惠政策，但农村金融依然会出现不平衡、不充分的现象。现代农业工程设施资产是投资金额高、营利能力强、使用年限较长的优质农业农村资产，但新型农业经营主体很难通过现代农业工程设施资产抵押获得融资，使现代农业工程设施资产出现"沉淀"。

新型农业经营主体对现代农业工程设施资产进行融资的需求十分迫切。因此，需要对现代农业工程设施未能抵押贷款问题进行分析、挖掘其真正原因，打破抵押贷款难的问题。需要通过对现代农业工程设施进行调查，对各地现代农业工程设施资产的信贷现状进行梳理，分析其潜在的融资能力。需要明晰现代农业工程设施资产产权，进而为现代农业工程设施资产的融资作出产权制度安排。需要从现代农业工程设施资产用地问题、利益相关者、金融制度角度出发盘活现代农业工程设施资产，从而设计出与我国农业发展阶段相适应的现代农业工程设施资产的盘活模式。

第2章 现代农业工程设施资产的现状调研

随着农业农村的现代化进程的不断推进，现代农业工程设施资产首先是在资产总量上不断增加，其次是在资产质量方面不断提高，最后在组成结构上更趋于多样化。为了研究现代农业工程设施资产盘活问题，首先应该从总量、质量和结构这三个方面摸清我国现代农业工程设施资产的现状。在此基础上，从资产视角对现代农业工程设施资产进行分类，并调查不同类型现代农业工程设施资产的运营情况，为破解现代农业工程设施资产融资难的问题做出前期的研究支撑。

2.1 调研概述

调查研究是人文社会科学的重要方法与手段。为了深入剖析设施农业的管理、经营和融资等问题，理清设施农业高效利用和资产盘活的思路，寻找解决问题的路径，笔者一方面采用文献调研的方法，查找了相关文献对设施农业的总体发展进行的梳理和分析，另一方面采用以田野调查为主的方法，结合访谈、座谈和问卷调查研究现代农业工程设施资产的融资问题。调研围绕以下几个方面展开：一是调查各地现代农业工程设施的现状，特别是现代农业工程设施的运营和融资现状；二是调查现代农业工程设施运营典型模式和资产构成的主要情况；三是调查现代农业工程设施资产的利益相关主体，包括新型农业经营主体、涉农金融机构、基层干部、省级政府和部委干部、普通农户等，剖析他们之间的利益联结关系；四是调查现代农业工程设施资产的融资现状，找到阻碍现代农业工程设施融资的主要症结；五是通过访谈调研研判盘活方案的可行性。

由于我国各地农业资源禀赋不尽相同，设施农业在各地的发展情况也各有特点，并且为了提高样本的代表性，笔者从 2014 年 5 月起陆续对我国各地开展调研。在调研过程中，重点围绕设施农业的使用现状、管理模式、资产构成、土地认证和抵押贷款情况展开。

2.2　调 查 过 程

笔者从 2014 年起开始围绕现代农业工程设施资产展开调查，采取了以田野调查为主线，加入访谈调查、问卷调查、座谈会、实地回访等多种形式，辅以电话访谈和文献整理，收集整理了充分的调研笔记和问卷数据，形成了详细调研记录。

2014 年 5 月笔者跟随安徽省农业委员会计划处相关同志，在安徽省阜阳市阜南县、太和县、颖上县调研，在座谈中有新型农业经营主体提出了其投资建设的现代农业工程设施无法贷款的困扰。

2014 年 10 月笔者参加安徽省现代农业示范区建设工作现场会，对安徽省阜阳市太和县的现代农业设施进行了田野调查，并与有关同志进行座谈，探讨了现代农业工程资产的运营问题。

2015 年 1 月笔者赴安徽省芜湖市无为县调研农地经营权抵押融资的情况，并在安徽省芜湖市与安徽长江产权交易所有关负责同志访谈，初步思考了如何盘活现代农业工程设施资产。

2015 年 4 月笔者赴安徽省六安市金安区施桥镇调查当地农田水利建设情况，对当地村干部进行访谈调研，并实地考察了当地农田水利设施的建设情况。

2015 年 6 月笔者赴安徽省六安市裕安区石板冲乡调查当地农业设施的运营情况，并对当地的村干部进行了访谈调研。

2015 年 8 月笔者赴安徽省滁州市全椒县调研当地设施农业的建设情况，并在 5 个行政村发放了预调研问卷，回收了 101 份问卷，根据问卷分析，对问卷进行了修改和完善。

2015 年 8 月笔者赴安徽省长丰县岗集镇和水家湖镇调研，走访了当地农户和村干部，对当地的草莓种植行业进行了调查，发放了有关问卷 74 份。

2015 年 9 月笔者赴安徽省宿州市埇桥区进行调研，考察了当地的田园综合体，与田园综合体的经营主体进行了沟通交流，了解田园综合体设施的运营和经营主体的融资情况，发放了有关问卷 91 份。

2015 年 10 月笔者赴安徽省六安市金安区施桥镇和裕安区罗集乡，在栗树村等5个行政村发放问卷110份，并对当地基层干部和涉农金融机构人员进行结构性访谈。

2015年11月笔者赴安徽省黄山市徽州区呈坎镇进行调研，在汪村等三个行政村发放问卷114份，并走访当地现代农业工程设施业主、员工、村干部和当地农商行负责同志。

2015年12月笔者赴山东省济南市周边地区调研都市型现代农业，重点从融资需求视角对都市型现代农业业主进行了访谈调研，并访问了山东省社科院有关专家。

2016年1月笔者与学生调研了陕西省杨凌区农业高新技术产业示范区的部分园区和农业设施。

2016年2月笔者赴北京市周边调研都市型现代农业，重点从融资需求视角对都市型现代农业业主进行了访谈调研，并访问了中国农业科学院有关专家。

2016年7月笔者和研究生赴江西省上饶市婺源县篁岭村等村落，调研现代农业工程设施在旅游业中的运用情况，并针对新型农业经营主体发放问卷86份。

2016年8月笔者两次赴安徽省合肥市巢湖市调研设施农业的运营和抵押情况，并对巢湖市农业委员会相关干部进行访谈。

2016年10月笔者两次赴安徽省合肥市庐江县调研当地小农水利设施的运营和管护情况，并对庐江县农业委员会相关干部进行访谈。

2016年11月笔者对甘肃省天水市甘谷县、四川省成都市温江区、北京市北务镇等地的农业部门相关干部进行了电话访谈调研，重点围绕涉农贷款问题进行了讨论。

2016年12月笔者对安徽省六安市霍山县诸佛庵镇进行了走访调查，重点查看了当地的设施农业、小农水利设施和仙人冲画家村建设形成的现代农业工程设施资产。

2017年1月笔者赴安徽省六安市裕安区罗集乡对当地的设施农业运营情况做了回访，并就土地确权和设施农业用地再次访谈了当地的村干部和设施农业业主。

2017年3月笔者赴安徽省合肥市肥东县白龙现代农业示范区，调研了当地蔬菜种植合作社，以及安徽恒进农业发展有限公司，围绕现代农业工程设施用地、融资和建设的情况展开调研，并访谈了合作社和公司的相关负责同志。

2017年4月笔者赴安徽省六安市金寨县梅山镇调研现代农业设施，访谈当地新型农业经营主体，走访金寨县农业银行和邮政储蓄银行。

2017 年 6 月笔者电话访谈北京首都农业集团有限公司畜牧部，了解农业养殖设施的运营和抵押贷款情况。

2017 年 7 月笔者和项目组成员赴安徽省农业信贷融资担保有限公司，了解安徽省政策性农业担保产品的运营情况，收集了"劝耕贷"运营模式和实施效果。

2017 年 10 月笔者和项目组成员赴南京市安信农业保险公司了解设施农业保险的有关情况，访谈了相关业务负责人。

2017 年 11 月笔者和研究生在安徽省亳州市利辛县参加扶贫调查，了解设施农业与扶贫贷款的结合情况。

2017 年 12 月笔者回访了安徽省阜阳市太和县的新型农业经营主体，了解新型农业经营主体的融资情况。

2018 年 1 月笔者回访了安徽省六安市裕安区石板冲乡，了解农业工程配套设施的运营情况。

2018 年 2 月笔者和项目组成员赴安徽省合肥市国元农业保险公司，了解特色农业保险的实施情况，以及对因自然灾害遭受损失的投保农业设施的赔付情况。

2018 年 3 月笔者赴安徽省合肥市环巢湖地区，走访浮槎山田园综合体项目，对项目的融资和未来的经营规划做了调研。

2018 年 4 月至 2019 年 3 月，笔者赴联合国粮农组织（意大利罗马）访学一年，其间对前期的调研记录进行了整理和分析，并继续进行了对之前受访者的电话回访，形成了多篇论文初稿。与此同时，还与同赴联合国粮农组织的农业农村部有关同志就农业设施问题进行了沟通交流，课题组另外两位参与老师继续在安徽和周边地区进行调研，并与笔者保持了及时充分的沟通。

2019 年 4 月笔者与研究生赴安徽省合肥市江淮园艺集团调研设施农业的建设、运营和企业的融资情况。

2019 年 5 月笔者与研究生赴六安市金安区施桥镇对当地的新型农业经营主体进行回访，了解他们的生产经营和融资情况。

2019 年 6 月笔者与研究生赴合肥市巢湖市坝镇调查设施农业用地和生产运营情况。

2019 年 7 月笔者赴浙江德清访谈当地农业部门相关同志，并走访德清阳光园艺基地。

2019 年 9 月笔者与研究生赴安徽农业大学大别山试验站（六安市金寨县

梅山镇）调查设施农业的用地、运营、融资情况，还走访了多位新型农业经营主体和村干部、镇干部，了解现代农业设施在金寨地区的发展情况。走访了安徽瓦大现代农业科技有限公司在梅山镇的现代农业扶贫园区项目。针对基层干部发放问卷75份。

2019年12月笔者赴上海市的金山区廊下郊野公园，调研三产融合与现代农业工程设施运营情况，并了解廊下郊野公园的融资情况。

2020年1月笔者对马鞍山农商行涉农贷款部门进行了访谈，并收集了马鞍山农商行2019年涉农贷款情况的资料。

在历时5年多的调研过程中，在调研地区方面，选取了粮食主产区、山区特色农业区、都市型现代农业区、三产融合式田园综合体、现代农业示范园区、扶贫农业科技园区、涉农龙头企业园区以及一般农村地区进行调查，涉及现代农业工程设施资产单体386处。选取的访谈地区基本上涵盖当前现代农业工程设施的集中区，同时也兼顾了一般农村地区。在访谈对象方面，访谈了农业农村部、省级农业主管部门、县乡政府、涉农金融机构、涉农龙头企业的有关同志202人次，其中农业农村部有关同志10人次，省级农业主管部门同志31人次，县乡政府同志88人次，涉农金融机构27人次，涉农龙头企业46人次；访谈村干部、新型农业经营主体、普通农户258人次，其中村干部98人次，新型农业经营主体101人次，普通农户59人次。发放各类问卷651份，回收有效问卷602份。基本上对与现代农业工程设施有关的各类利益主体都进行了深度访谈，获取了第一手资料。

2.3　我国现代农业工程设施资产总体情况

2.3.1　现代农业工程设施资产的总体特征

由于现代农业工程设施资产包含各种形态，且归口管理部门不同，因此没有全国性的总体统计数据，为此笔者通过相关行业报告结合第一手调查，收集总结了设施农业资产的情况，以此为代表，估计了现代农业工程设施资产的总体情况。

设施农业资产是现代农业工程设施资产中营利能力最强、市场化程度最高、分布最广泛的资产类别。根据相关行业报告，当前我国设施农业的总资产大约为 1 万亿元，图 2 - 1 展示了近六年我国设施农业总资产稳步增长的情况。

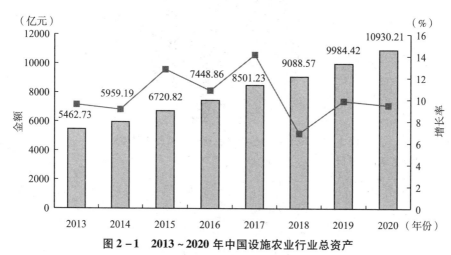

图 2 - 1　2013 ~ 2020 年中国设施农业行业总资产

资料来源：旗讯产业研究院《中国设施农业行业研究报告》。

　　从总量上看，2020 年我国设施农业资产的总额为 1 万亿元左右，而从比重的视角看，有相关研究认为 2015 年我国的农业资本总量约为 25234 亿元（杨伦，2019）。结合两个数据可以发现，农业设施资产能够占到农业资本总量的约 40%。设施农业资产在总量和占比上看都有着较大的规模，然而参考相关行业数据，设施农业存在一定的"小而散"的特点，且地区分布不平衡。

　　从 2020 年我国设施农业行业总资产规模的分布看，30 万元以下小型农业设施和 30 万 ~ 60 万元的中型农业设施占比接近 80%（见图 2 - 2）。在区域分布上，华东地区的设施农业占全国设施农业的近四成，而农业发达的东北地区和广袤的西北地区设施农业的总资产则较少（见图 2 - 3）。这说明我国设施农业的分布存在显著的地区差异，经济发达地区的设施农业分布较为密集。

　　设施农业资产是现代农业种养设施、小农水利设施、现代农业配套工程设施的一部分，因此现代农业工程设施资产的资产总量应当高于设施农业资产，但是现代农业工程设施资产缺乏全国性的统计数据，故而笔者采取基于案例调查的方法估计我国现代农业工程设施资产的资产总量。

　　资产调查案例一：白龙现代农业专业合作社位于安徽省合肥市肥东县白龙省级现代农业示范区的核心区，通过实地走访调查发现，2016 年该合作社拥有连栋温控大棚等农业设施价值约 1000 万元，而仓库、冷库、烘干设施、排

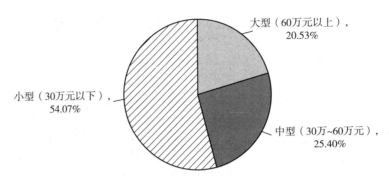

图 2－2　2020 年中国设施农业行业总资产区域对比

资料来源：旗讯产业研究院《中国设施农业行业研究报告》。

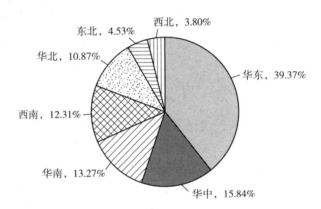

图 2－3　2020 年中国设施农业行业总资产规模对比

资料来源：旗讯产业研究院《中国设施农业行业研究报告》。

灌设施的价值大约为 600 万元，也就是说当地与设施农业相配套的其他现代农业工程设施资产约占到设施农业价值的 60%。

资产调查案例二：德清阳光园艺基地位于浙江省湖州市德清县莫干山风景区内，是目前国内最先进的标准化容器苗生产基地之一，由德清绿色阳光农业生态有限公司投资建设。该公司的核心物联网农业设施资产价值约为 5000 万元，而与之配套的建筑、仓库、冷库、水利设施资产价值约为 2000 万元，也就是说当地与设施农业相配套的其他现代农业工程资产约占到设施农业价值的 40%。

资产调查案例三：石板冲乡 2016 年度高标准农田项目位于安徽省六安市裕安区，该项目核心区建设面积约为 8000 亩，建设总投资 1200 万元，由于该高标准农田主要进行粮食生产，因而其形成的现代农业工程设施资产主要是农田路网和排灌设施，这些设施投资大约 400 万元。

　　资产调查案例四：吕四港镇 2016 年的高标准农田重点项目的核心区位于江苏省南通市启东市。在这个核心区政府投资了 500 万元，除了修建机耕路，还有配套的水利设施和粮食烘干厂房等，形成的现代农业工程设施资产约为 180 万元。

　　资产调查案例五：隆阳区 2017 年开建的田园综合体位于云南省保山市隆阳区，项目集农业观光、休闲娱乐、传统文化展示于一体，是新型的生态观光农业园。项目涉及隆阳区河图街道、金鸡乡 2 个乡镇（街道）、11 个村（社区），总投资近 40 亿元。截至 2019 年 9 月通过电话访谈，该项目正在进行后期建设，已经形成的现代农业工程设施资产约 10 亿元。

　　资产调查案例六：在实地调查中发现，现代农业工程设施资产中有相当一部分包含有村集体产权。我国农村集体资产总量规模庞大，根据 2019 年 3 月的调查数据显示，全国农村集体账面资产总额 3.44 万亿元。[①]

　　资产调查案例七：上海是我国现代农业最发达的地区之一（杜宇能等，2018）。在上海的金山区廊下镇，因地制宜地建设了上海市面积最大的郊野公园——廊下郊野公园。该公园以农业为主题，大力发展设施农业、休闲度假以及农耕文化，总投资超过 14 亿元，形成了 5 亿元左右的农业资产。这些资产很好地支撑了廊下郊野公园的旅游收入，促进了都市型现代农业的发展和三产融合的水平。当然，江浙沪地区是我国最富裕的地区之一，廊下郊野公园及其现代农业工程设施资产的良好运营是具有地方经济基础的，其他地区完全照搬这种经营模式，可能会存在一定的问题。

　　尽管现代农业工程设施资产没有完全准确的统计，但是结合设施农业的资产总量和以上几个案例大致可以推断出，我国的现代农业工程设施资产总量至少比设施农业资产总量多 30% ~ 100%，也就是说，我国的现代农业工程设施资产至少在 1 万亿元甚至是 2 万亿元以上。而根据中国人民银行发布的消息，2018 年全年新增涉农贷款也仅为 2.23 万亿元。[②] 由此可见，如果盘活一部分现代农业工程设施资产，能够显著增加涉农贷款的增长空间。

---

　　① 《农业农村部：农村集体资产年底将摸清家底》，光明网，http：//m. gmw. cn/2019 – 03/29/content_32696574. htm.

　　② 《2018 年我国新增普惠金融贷款 1.62 万亿元》，http：//www. xyshjj. cn/newspaper – 2019 – 1 – 31 – 5 – 6205213. html.

2.3.2 现代农业工程设施资产的特性

现代农业工程设施资产的技术含量不断提升。随着土地流转加快、农业集约化、现代化程度的提高，人们对农副产品的需求也在不断提高。因此，需要在有限的土地上创造出更多的农产品，这必然要求现代农业工程设施在技术上要得到高速发展，促使农业的专业化、产业化和规模化。例如在运用发达国家温室生产技术的同时，不断创新新型材料，开发效用更高的大型连栋温室，做到温室微环境内生态循环，减少农药及化肥的使用量，实现可持续生产。在天津市北辰区的设施农业面积达 25000 亩，带动农户约 15000 人，据当地农户介绍，一亩地能生产约 1 万千克的西红柿，如按照市场价格衡量能获得 4 万多元的收入，设施大棚的使用改变了农业传统的种植方式，减少了受自然环境的限制。① 通过引进河北、山东等地区的食用菌和各种蔬菜和果树的种植，反季节蔬菜长势旺盛，实现一年四季蔬菜的市场供应，丰富了当地的菜篮子，也使得农户在冬天也可以获得收入，让更多的农业新型设备有了用武之地。

现代农业工程设施"沉淀"现象明显。随着现代农业工程设施的广泛运用，投资规模不断扩大，投资数额也在逐渐上升，产生了资产"沉淀"问题。在辽宁省海城市的耿庄镇，全镇拥有 1400 余栋蔬菜大棚，占地 2000 多亩，蔬菜的生产成为耿庄镇的主导产业，也是农户主要的收入来源，耿庄镇的农户在进行扩大生产规模时，遇到了融资难题。② 由于农业受自然环境影响较大，生长期长、风险程度较高，因此，银行及金融机构对农业进行抵押物贷款必须是房产、存折等且各种手续齐全才给予贷款。农民由于抵押物不足，担保受限，导致贷款难。对农业配套设施进行抵押融资时，由于农业配套设施没有明确产权，"合法身份"不足，银行及金融机构不认可农业配套设施作为单独的抵押物，造成现代农业工程设施资产无法进行合理利用。

现代农业工程设施在现代农业发展过程中本拥有可观的固定资产，但这些资产在手续方面"先天不足"，最终无法实施抵押融资，无法解决在农业生产中遇到的资金短缺问题。由于难以满足对融资的需求，很多农业经营主体不得不进行民间融资，易导致利息高、压力大，阻碍了农业高效发展的前进步伐，

---

① 《北辰区设施农业丰富市民菜篮子》，http://www.zhongjilian.com/focus/2013/02 – 19/8586_0.html.

② 《耿庄镇：温室大棚绿意浓设施农业促增收》，https://www.sohu.com/a/434492560_120206204.

不利于农业生产。

2.4　现代农业工程设施资产的典型分类

现代农业工程设施资产种类繁多、功能各异、产权复杂，为了研究现代农业工程设施的金融价值，需要从资产而不是功能的视角对现代农业工程设施资产进行分类，进而为其不同的盘活模式研究提供基础。一般来说作为银行抵押物时，不动产是最为有效的，特别是当不动产的产权清晰、价值较高、方便交易时，银行对其接受的意愿是较高的。那么从融资视角对现代农业工程设施资产分类时，也应当从产权及规模两个维度进行分类，从而进一步分析不同类型现代农业工程设施资产融资的可能方式。

2.4.1　现代农业工程设施资产分类的产权视角

从 2004 年起，我国开始了全方位的以工补农、以城带乡战略，到了 2014 年，新增补贴又开始向重要农产品、新型农业经营主体、主产区倾斜，这些"面上"的补贴有力地支持了我国的农业发展，同时也促成了很多现代农业工程设施资产的形成。此外，现代农业工程设施资产的另一个来源就是中央各部委和地方的现代农业项目。从 21 世纪初起，国家农业农村部、科技部、发展改革委、水利部、国土部、全国妇联、财政部等中央部委在全国各地建设了很多现代农业项目，如农业部牵头的现代农业示范区、国家现代农业产业园、国家农业产业化示范基地、蔬菜标准园等；科技部牵头的国家农业科技园区；发展改革委牵头的国家农村产业融合发展示范园；水利部牵头的国家水土保持科技示范园；国土部的高标准农田；全国妇联的全国巾帼现代农业科技示范基地；由地方省市县三级建设的各类农业示范园区。尽管存在交叉重叠，但根据相关学者的统计，截至 2014 年，全国的各类农业园区总数接近两万个（李旭，2017），几乎遍布我国所有的县级区域。在这些数量众多的农业园区中，现代农业工程设施既是这些园区发展的重要依托，也是这些地区农业农村的重要资产。长期的农业补贴和政策支持使我国各地形成了大量现代农业工程设施，提升了我国农业农村资本的总量和结构水平，但同时也使得现代农业工程设施资产的产权关系变得十分复杂。为了更清晰地展现这一问题，笔者在总量分析的基础上，通过实地考察、电话访谈和文献整理的方法，展示如下一些案例。

在浙江省杭州市建德市，杭州瑞德农业有限公司在此流转了 830 亩土地种植蔬菜瓜果，共投资约 2000 万元用于建设生产用房及蔬菜大棚。据负责人说，最担心的是农地上的附属设施没有明晰的产权，如土地流转期限到期了农民就要收回原来的土地，谁能说清这农业设施的产权问题？

在河南省信阳市息县，某农户流转了土地约 1000 亩用于种植西瓜，为进一步提高经济效益，在每 30 亩处设置一口深机井，同时还自费投入约 40 万元修建灌排沟渠、安装变压器等，该农户感到十分苦恼，表示：西瓜种植需要每三年换一次地，由于土地上的配套设施没有产权，不能进行有效出售，导致每一次换地，相应的配套设施就白送给农民。

在重庆市九龙坡区，随着近郊都市农业发展，区里 16 万亩农地中，用于发展观光休闲农业、乡村旅游的土地就超过 5 万亩。在这些土地上，配套建设的各种设施和生产管理用房，由于无法取得产权证明，也引起不少新型农业经营主体的担忧。在九龙坡区白市驿镇大河村，重庆诗美花卉苗木合作社流转经营的土地有 1000 多亩，主要经营花卉和田园旅游。合作社对农地投入了 500 多万元，收回成本需要 6 年左右。合作社社长胡某表示，扩大生产最缺的就是钱，合作社的生产用房等大量投入无法办理抵押贷款，难以满足融资需求，不得不向民间融资，利息很高，压力很大。

在重庆市江津区现代农业园区，农业龙头企业、大户投入农业生产的资金超过 19 亿元。在园区内，平整的机耕道、生产便道深入到一片片果园、菜地，沟渠管网纵横交错，生产管理用房规范整洁，现代农业发展已初具雏形。江津区政府相关负责人说，目前农业业主反映较多的问题，就是在现代农业发展中积聚了可观的固定资产，但这些资产无法做资本认定、无权抵押融资，投入了 19 亿元，却贷不出一分钱。

"土地流转期结束后，建在土地上的农业附属设施、生产用房到底归谁？国家政策和法律都没有明确的说法。"这是调研中一位新型农业经营主体的说法。传统农业要想有高收益，要么和第二产业结合，搞农产品加工，要么和第三产业结合，搞"农家乐"等旅游观光农业，二者都要就近建设生产用房和配套设施。

"按相关规定，农业结构调整，允许在农地上建一定数量的临时生产用房，不办理产权。但什么是临时？临时有多长的期限？都没有明确规定，各地都在'摸着石头过河'。随着农业投资体量越来越大，这个矛盾会更多地暴露出来。"笔者在六安市裕安区调研中一位基层干部表示，没有产权，投入再多也是"死资产"。

从上述事例可以发现，中央政府（各部委）、地方政府（省市和基层）、村集体、新型农业经营主体和农户在理论上都可能是各地现代农业工程设施资产所有权主体。现代农业工程设施资产产权不清晰的主要原因是，这些资产是现代农业发展中政策支持、我国土地的小农承包、新型农业经营主体共同作用的结果。为了进一步理清现代农业工程设施资产的产权关系，笔者对调研的 386处现代农业工程设施资产的产权组成，做出了如下的汇总统计（见表 2-1）。

表 2-1　　　　　　　　现代农业工程设施资产产权组成调查汇总表

设施种类	设施个数	政府产权占比
现代农业种养设施	26	无政府产权
	40	政府产权占 20% 及以下
	55	政府产权占 20%～50%
	30	政府产权占 50% 及以上
小农水利设施	5	无政府产权
	10	政府产权占 20% 及以下
	20	政府产权占 20%～50%
	65	政府产权占 50% 及以上
现代农业配套工程设施	41	无政府产权
	32	政府产权占 20% 及以下
	30	政府产权占 20%～50%
	26	政府产权占 50% 及以上
合计	386	

资料来源：根据笔者的调查研究素材整理。

从样本的政府产权占比看，小农水利设施的政府产权比重比较高，现代农业配套工程设施的政府产权比重比较低，而现代农业种养设施中的政府产权分布比较平均。可见有政府投入的现代农业工程设施更偏向农业基础设施。

2.4.2　现代农业工程设施资产分类的规模视角

从前文中的行业统计资料中可以发现，目前近半数的农业设施属于小型农业设施，为了更好地摸清现代农业工程设施规模，笔者详细记录了调研的 386

处各类现代农业工程设施资产的资产规模，并对这些现代农业工程设施资产的规模进行了如下汇总统计（见表2－2）。

表2－2　　　　　　　　　现代农业工程设施资产规模调查汇总

设施种类	设施个数	资产规模
现代农业种养设施	34	小型：30万元以下
	60	中型：30万~60万元
	57	大型：60万元以上
小农水利设施	31	小型：30万元以下
	37	中型：30万~60万元
	32	大型：60万元以上
现代农业配套工程设施	61	小型：30万元以下
	38	中型：30万~60万元
	30	大型：60万元以上
合计	386	7296万元

资料来源：根据笔者的调查研究素材整理。

从样本的资产规模看，现代农业种养设施中的大型资产较多，而现代农业配套工程设施中的小型资产较多，小农水利设施的资产规模分布较为平均。

对于小型现代农业工程设施资产，参考辽宁省《信用社（银行）农业设施抵押贷款管理办法》，农业设施抵押融资时，资产抵押率不得超过50%，也就是说对于小型现代农业工程设施资产，如果能够成功抵押融资，其贷款额度也仅在10万元左右。与此相对应的是，目前的农村小额信贷的额度一般也在5万~10万元，因此可以发现，如果小型现代农业工程设施资产抵押融资的贷款利率不能显著低于农村小额信贷，那么就会造成小型现代农业工程设施资产的有效融资需求不足。如果考虑到小型现代农业工程设施资产存在的用地、产权、资产质量等一系列问题，其融资能力将进一步下降（张冀民和高新才，2016）。

2.4.3　现代农业工程设施资产分类

根据现代农业工程设施资产的产权归属和资产规模程度这两个特性，可以对现代农业工程设施作出如下分类。

一是政府主导中小型现代农业工程设施。主要包括小农水利设施、农业路网沟渠配套设施以及农村电力供应设施。这类设施的主要特点是不直接产生经济效益，而是通过农地经营效益的提高产生间接收益。以笔者调查的庐江县某高标准农田项目为例，该项目面积为 3000 亩，农发局整合资金投入了约 500 万元形成了水利、路网、沟渠、电力等配套设施单体 21 处（最大的一处单体水利设施投资 58 万元，最小的单体田间道路投资 5 万元），由此形成的农业工程设施属于农业基础设施，有政府主导的公益特色。经过整治后的高标准农田随后被两户经营大户整体流转。这类公益性质的农业工程设施的投资来源多为政府部门，由于基础设施好，该部分农地易于流转，因而使用者往往是新型农业经营主体。以笔者调研的六安市金安区施桥镇的一处高标准农田项目为例，该项目面积为 2000 亩，国土局投入了 240 万元，流转大户投资了 70 万元，共同形成了水利、路网、沟渠、电力、机械等设施单体 15 处（最大的一处单体水利设施投资 49 万元，最小的单体田间道路投资 3 万元），尽管这些设施中包含私人的投资，但是仍然以政府的投资为主。私人的投资在一定程度上"沉淀"在这些公益性质的农业设施中，如果未来该高标准农田的经营不顺利，这些私人投资就成为沉没成本，如果未来经营效益较好，这些私人投资则会转化为现金流。从笔者的调查情况看，一般来说高标准农田的流转情况都较好，实现了规模经营，但经营效益则有好有坏，影响到经营效益的主要因素包括气候、成本、病虫害和市场价格。

二是政府主导大型现代农业工程设施。政府主导大型现代农业工程设施主要包括较大的农田水利设施和大型产业扶贫项目（园区）。对于较大的农田水利设施，其公益性质较为明显，日常管护往往由地方水务局直管或者以政府买服务的形式管理，但是就融资价值而言，这类水利设施的融资价值较低。对于大型产业扶贫项目，投资方多为当地市（县）政府，政府投资金额高，形成的资产多为经营性资产，且资产运营和归属的模式不尽相同。例如，金寨县梅山镇的两处政府主导大型现代农业工程设施都为政府投资建设的产业扶贫项目，一处为已经建成的连栋温控大棚 100 余亩，总资产 500 万元，资产归属为镇政府，由新型农业经营主体承包经营；另一处为现代农业产业扶贫项目，占地约 800 亩，由多个连栋温控大棚和新型钢构支架大棚以及沟渠路网、电力水利等配套设施组成，总投资约 5000 万元，政府投资 4000 万元，由一家安徽知名农业企业赞助投资 1000 万元，并由该企业代为运营 10 年，10 年之后将所有资产移交当地村集体。由此可见，政府主导大型现代农业工程设施的类型也较多，既包含公益性设施，也包含经营性设施，主要产权有的归属于政府、有的归属于村集体。

三是企业（个人）主导型小型现代农业工程设施。这类工程设施主要包括各类大棚设施、牲畜养殖设施、渔业养殖设施、农产品贮藏设施、机械冷藏库、供暖设备及设施、草料加工车间及库房。例如裕安区的一位家庭农场主，在自家自留地上投资建设了一个 40 万元的冷库，用于新鲜农产品的临时收储和保存。据这位家庭农场主介绍，冷库正在申请相关农业项目资金补助，预计金额为 5 万元。从其他一些政企共建小型农业工程设施调查情况看，企业（个人）是主要的投资者，部分政企共建小型农业工程设施通过地方整合涉农资金，也获得了一些补贴。这些政企共建小型农业工程设施的拥有者多是中小农业经营主体，融资需求较高。

四是企业主导型大型现代农业工程设施。设施类型的主要代表是工厂化作物栽培和养殖厂房。这种企业主导型大型农业工程设施投资较高。以安徽省合肥市肥东县一处菌菇农业龙头企业为例，该公司流转农地作为生产菌菇用地，虽然面积只有 30 亩，但是采用了台湾的菌菇自动化生产线，亩均投资接近 200 万元，总完成投资 4000 余万元。该菌菇龙头企业一亩地年产值 200 万元，毛利率在 20% 左右。大部分的设施投入均是该企业主个人投资，政府补助较少。从其他企业主导型农业工程设施的调查来看，这些设施具有工厂式的特点，资金密度大，折旧时间长。在经营种类上，多从事菌菇、保健药材、畜禽、渔业等附加值较高的农产品生产。规模化畜禽生产往往能够得到政府的补贴，而菌菇、保健药材等特色农产品的补贴相对较少。

除了以上四种政府和企业（个人）分别主导投资的现代农业工程设施资产，在调研中还发现，很多现代农业工程设施所在的农业园区存在政府投资和企业投资"五五开"的现象。政府投资主要负责园区的农地平整、路网沟渠、电力电信等农业园区基础设施投资，企业往往投资具体的经营性农业设施。总体而言，大部分现代农业工程设施资产或多或少都有政府投资的部分，这就导致了现代农业工程设施资产的产权关系不清晰。

2.4.4 现代农业工程设施资产的运营情况调查

就融资价值而言，有效运营的"活"资产相对于闲置状态的"死"资产，其融资价值显然较高，那么在实践中现代农业工程设施的运营情况如何呢？根据笔者几年来的调查，发现各地现代农业工程设施资产的运营存在以下特点。

一是由企业（个人）运营的现代农业工程设施运营情况良好。尽管现代农业工程设施有很多政府投资，但是在实践中发现，现代农业工程设施的运营大多是由企业（个人）运营，即使是大部分由政府投资的扶贫农业产业园，其经营主体也多为涉农企业和经营大户。总体来说通过现代农业工程设施运营相关人员的访谈记录分析，93% 以上的被调查现代农业工程设施由企业（个人）运营，而其中 69% 以上的设施运营状态为良好或很好。以浙江省湖州市德清阳光园艺基地为例，当地设施负责人表示，他们的花卉和蔬菜生产能够做到工厂化，不受季节和天气的影响。园艺设施产量高、品质好，并且能够控制成熟时间，从而便于在市场价格高的时期上市，在价格较低时可以在设施中控制性生产，从而达到保鲜效果。以安徽省合肥市长丰县江淮园艺的设施农业为例，该公司的主营业务为水果种苗的生产，该公司有关负责人表示，随着近两年水果价格的上涨，公司的运营情况良好，各类大棚、冷库等配套设施以及小农水利设施大多都在高效运行。相反，在安徽六安两处由科研院所运营的现代农业工程设施尽管投资较多（一处投资 300 万元、另一处投资 270 万元），但运营状态不好，设备处于半闲置状态。

二是投资越大、设施越先进的现代农业工程设施运营情况越好。以各类大棚为例，早期的大棚有的为木质或竹制，结构简单，造价低，但是抗雨雪能力和保温效果较差，随着近年来极端气候的增加，这些低成本农业设施遭受损失比例较大，运营情况不好。而近几年投入使用的农业设施，普遍投资高、占地面积大、设施结构强度好（多为钢结构）、使用年限长、技术含量高。以长丰县恒进农业有限公司为例，2018 年 12 月至 1 月合肥地区的大雪给该公司使用年限较久的早期型农业设施造成了不小的损失，此后该公司逐步将老式设施替换成新式设施，以提高农业设施的抗风险能力。很多现代农业工程设施，除了结构、功能、体量等硬件的提升，还融入了数字技术、物联网等软件功能，在安徽省阜阳市太和县，整合了现代农业示范区的农业设施，建设了太和县农业物联网综合服务平台，从软件上提升了农业设施的运行效益。

三是现代农业工程设施的运营情况逐年改善。从笔者对安徽六安市多个县区的跟踪调查看，现代农业工程设施在农业生产中发挥了越来越重要的作用。从 2015 年至 2019 年，笔者追踪调查了六安地区一户稻虾共生的龙虾养殖户、一户山货收集加工大户、一户大棚蔬菜种植户、一家园艺产品生产企业。这几户新型农业经营主体都在持续经营，尽管他们表示从事农业十分辛苦，但是随着水产、蔬菜和水果价格的上涨，近两年的收入情况比较好。从调研的统计情况看，2015 年前后笔者走访调查的 56 户设施农业业主中，有 34 户表示经营处于良好以上状态，比例为 61%，而到了 2019 年前后，笔者走访的 39 户设施农业业主中，有 31 户表示经营处于良好以上状态，比例为 79%。

四是现代农业工程设施的经济效益明显高于一般农业生产。截至 2019 年，我国的设施农业面积 410 万公顷，年产值 9800 亿元，就业岗位 4000 万个，[①]而高标准农田面积已经接近 7 亿亩，粮食综合生产能力显著上升。从笔者几年的跟踪调研来看，运营农业设施的经济效益高于高标准农田的粮食生产，高标准农田粮食生产的效益高于一般粮食生产。

五是现代农业工程设施的建设质量不断提高。现代农业工程设施的大量建造和使用是我国农业工业化、智能化的重要体现。如今的现代农业工程设施在造价不断提高的同时，使用年限也在不断延长。以调研中了解到的最新式连栋温控大棚为例，其使用年限从过去的 10 年左右，达到了如今的 30 年左右，成为优质的农业农村不动产。烘干设备、冷库、加工设施、小农水利、沟渠路网等典型的现代农业工程设施的建设标准也都不断提高，使用年限普遍在 20 年以上。

总的来说，通过以实地调研为主和文献查阅为辅的调查方法，我们发现现代农业工程设施从经营视角看，其运营情况良好，并且在现代农业发展中起到了越来越重要的作用。

2.5　本章小结

本章对现代农业工程设施资产进行调查，从总量、质量和结构这三个方面摸清我国现代农业工程设施资产的现状。在调研过程中，采取了以田野调查为主线，调查不同类型现代农业工程设施资产的运营情况。在 5 年多的调研过程中，选取了粮食主产区、山区特色农业区、都市型现代农业区、三产融合式田园综合体、现代农业示范园区、扶贫农业科技园区、涉农龙头企业园区以及一般农村地区进行调查，涉及现代农业工程设施资产单体 386 处。重点围绕设施农业的使用现状、管理模式、资产构成、土地认证和抵押贷款情况展开。

通过调查，本书对现代农业工程设施资产分类从产权及规模两个维度进行。首先从产权视角看，中央政府（各部委）、地方政府（省市和基层）、村集体、新型农业经营主体和农户在理论上都可能是现代农业工程设施资产所有权主体。造成这种现代农业工程设施资产产权不清晰的主要原因是，这些资产

---

① 我国设施农业年产值 9800 亿元，http：//www.nfncb.cn/content-1214-1187467-1.html。

是现代农业发展中政策支持、我国土地的小农承包、新型农业经营主体共同作用的结果。其次从规模视角看，调查发现，农业种养设施中的大型资产较多，而现代农业配套工程设施中的小型资产较多，小农水利设施的资产规模分布较为平均。

根据现代农业工程设施资产的产权归属和资产规模程度这两个特性，可以对现代农业工程设施做出四种分类，即政府主导中小型现代农业工程设施、政府主导大型现代农业工程设施、企业（个人）主导型小型现代农业工程设施、企业主导型大型现代农业工程设施。

现代农业工程设施资产的运营情况存在以下特征：一是由企业（个人）运营的现代农业工程设施运营情况良好；二是投资越大、设施越先进的现代农业工程设施运营情况越好；三是现代农业工程设施的运营情况逐年改善；四是现代农业工程设施的经济效益明显高于一般农业生产；五是现代农业工程设施的建设质量不断提高。总体来说，现代农业工程设施在现代农业发展中起到了越来越重要的作用。

第3章 现代农业工程设施资产融资存在的问题

现代农业工程设施资产理论上具有较高金融价值，然而在农村金融领域，通过现代农业工程设施资产成功实现融资的案例并不多见，究其原因，既有现代农业工程设施资产自身特质的原因，也有相关农村金融制度体系层面的原因。

3.1 现代农业工程设施资产融资现状的调查

3.1.1 调查样本总体的融资情况

从 2014~2015 年对现代农业工程设施资产的前期调研发现，大部分的现代农业工程设施资产没有实现抵押融资，特别是对于单体现代农业工程设施资产鲜有直接抵押融资成功的案例。因此，在 2015 年之后的调研中，重点以新型农业经营主体为调查对象，主要通过问卷的形式调查其经营的现代农业工程设施资产融资的情况。图 3-1 是对新型农业经营主体融资情况的调查汇总。

从图 3-1 的汇总分析看，绝大部分的新型农业经营主体都在运营现代农业工程设施，然而通过现代农业工程设施资产直接融资的比重很低，在问卷调研的 292 户新型农业经营主体中，只有 6 户通过现代农业工程设施资产实现了融资。为此，笔者专门针对这 6 户新型农业经营主体进行了重点考察，发现这 6 户新型农业经营主体中有 4 户涉农企业和 2 户农业合作社，他们实现融资的现代农业工程设施资产主要是工厂式的经济作物厂房。其位置大多位于工业园区，并且这些经济作物厂房也不是单独抵押，而是与公司或者合作社的房产和

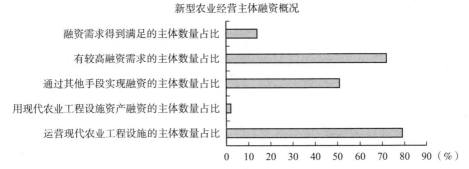

图 3 - 1　新型农业经营主体融资概况的调查汇总

资料来源：根据笔者的调查研究素材整理。

其他不动产共同抵押融资。从实现融资的比重上看，部分新型农业经营主体还通过其他手段实现了融资，也就是说新型农业经营主体能够通过"曲线救国"方式满足其一部分融资需求。从有融资需求和融资需求得到满足的占比情况看，经营大户和家庭农场是融资的"困难户"，涉农企业的融资需求满足情况则稍好。

3.1.2　现代农业工程设施利益主体访谈调研的总结

在从资产视角上对现代农业工程设施资产分类的基础上，笔者梳理了现代农业工程设施资产的主要利益主体，调查研究分为问卷和访谈两个方面，对象是现代农业工程设施资产的业主（大多是新型农业经营主体）、相关农户、基层干部和涉农金融机构员工等四类人群。表 3 - 1 是结构性访谈问题的对象和主要内容。

表 3 - 1　　　　　　　　结构性访谈问题的对象和主要内容

对象	主要内容
业主、相关农户、基层干部	（1）工程设施是什么类型？投资额多大？
	（2）工程设施的投资主体有哪些？构成是怎样的？
	（3）工程设施使用者是谁？管护由谁来完成？
	（4）企业的经营状况如何？
	（5）农业设施有没有遭受过自然灾害？受灾是如何善后的？
	（6）工程设施有没有土地证？占用土地类型是什么？
业主、相关农户、基层干部、金融机构	（7）土地的成本有多高？流转费用是多少？

业主、相关农户、基层干部、金融机构	（8）工程设施有没有被抵押融资？
	（9）是否了解有其他临近的工程设施被抵押融资？
	（10）工程设施应不应该用来融资？目前有没有可能？
	（11）工程设施无法融资的原因是什么？
	（12）对工程设施融资您有哪些建议？

问题 1：工程设施是什么类型？投资额多大？ 受访者回答的要点总结如下。（1）新型农业经营主体投资的农业工程设施从用途来看主要是现代农业种养设施和现代农业配套工程设施。从资产分类来看主要包括政企共建型农业工程设施和企业主导型农业工程设施，其中单位面积价值比较高的设施有连栋温室、畜禽养殖设施、冷库、烘干设备、工厂化菌菇生产设备等。此外尽管钢支架简棚、钢结构大棚等设施的单位面积投资较低，但是其往往占地面积较大，因而投资也较大。（2）龙头企业与合作社的农业工程设施投资较大，设施之间相互配套，形成体系，而家庭农场、经营大户的农业工程设施往往比较单一，投资额较小。（3）小农水利设施和路网沟渠等设施主要投资者为政府，但是有很多新型农业经营主体在流转土地后，也对所流转的土地进行了土地整理和有机质含量提升，同时也包括排灌设施的建设。从调研的结果来看，小农水利设施和路网沟渠大约有 60% 的投资是由政府投资完成，而这些设施的细节改良和提升大多由新型农业经营主体完成，并且形成了大量的沉没成本。（4）通过 2015~2019 年的追踪调查，总的来说，现代农业工程设施资产的投资相对于工业固定资产投资，其体量确实相对较小，但也有逐年增长的趋势。大多数被调研的现代农业工程设施资产的投资落在 30 万~500 万元的区间内，也有接近 1000 万元甚至更高的投资。由此可见，现代农业工程设施资产的形态是多样的，但是当前这些资产仍然很多处在"沉睡"的状态。

问题 2：工程设施的投资主体有哪些？构成是怎样的？ 受访者回答的要点总结如下。（1）在本研究的调研前期，发现很多现代农业示范区的建设是由业主和政府投资共同完成的，政府通过现代农业示范区建设资金完成的往往是类似于工业园区的"三通一平"，同时对于大型现代农业工程设施也有直接的资金投入，而新型农业经营主体的投资主要集中在设施本身上。这种投资模式形成的现代农业工程设施资产的产权结构比较复杂，业主不具有现代农业工程设施的完整产权。（2）随着国家惠农支农政策的不断优化，越来越多的现代农业工程设施的建设主体由政府和业主共同组成，逐步转化为业主按照标准建设，政府根据相关标准和政策进行资金以奖代补。这种以奖代补的做法使得政府投入与现代农业工程设施资产的产权关系相互剥离，政府奖补资金直接进入了企业"其他收入"的会计账目，从而更有利于现代农业工程设施资产的产权清晰。（3）不同类型的新型农业经营主体投资现代农业工程设施资产的力度也存在显著差异。从访谈案例看，涉农企业投资的力度和持续性明显高于种植大户和部分家庭农场。

问题 3：工程设施使用者是谁？管护由谁来完成？受访者回答的要点总结如下。（1）现代农业工程设施的使用者主要是新型农业经营主体，以及普通农户，日常管护也主要由新型农业经营主体完成，但小农水利设施主要是由政府、集体、新型农业经营主体和用水协会多方共管。（2）现代农业工程设施现代化程度越高，其用工的数量就越少。通常现代农业工程设施业主雇佣的工人都是当地的农户，特别是很多流转出土地的农户，也都就近在现代农业工程设施中从业。（3）现代农业工程设施资产普遍存在一定的"用工荒"，很多访谈对象表示，现在主要的用工多是五十五岁以上的女性，很难招到年轻力壮的工人，甚至有些地区还有七十多岁的农民在农业设施中劳动。（4）现代农业工程设施用工的成本较高，目前即使是招募年纪较大的农民工，在安徽、江西等地区，其月工资都在 2000 元以上，而在苏州、北京、上海等地区，其月工资则能达到 3000 元甚至 3000 元以上。

问题 4：工程设施有没有土地证？占用土地类型是什么？受访者回答的要点总结如下。（1）一谈起设施农业用地，很多业主都说这是关系到现代农业工程设施运营和融资的最关键问题，也是长期悬而不决的重要问题。业主们普遍表示设施农业用地所占用的土地大多是耕地，甚至包含基本农田。也有少量家庭农场和种植大户在自家的自留地上修建了农业工程设施。（2）关于土地证，绝大多数业主表示设施农业没有有效的土地证，尽管在部分调研地区，一些业主表示自己的设施农业用地在乡镇一级有备案，但是在相关条例中，乡镇一级没有办理土地证的权力。（3）现代农业工程设施业主普遍希望设施农业用地的管理能够逐步放松，但是现实中一些政策的制定和实施却存在反复。例如 2014 年当时的国土资源部和农业部联合下发了《关于进一步支持设施农业健康发展的通知》（以下称《通知》），指出要根据现代农业生产特点，从有利于支持设施农业和规模化粮食生产以及规范用地管理的层面出发，将设施农用地具体划分为生产设施用地、附属设施用地以及配套设施用地。根据笔者的调查，很多现代农业工程设施业主普遍知晓这个通知，但该政策没有很好的落地和实施。《通知》中规定的"附属设施用地规模原则上控制在项目用地规模

5%以内，但最多不超过 10 亩；规模化畜禽养殖的附属设施用地规模原则上控制在项目用地规模 7%以内（其中规模化养牛、养羊的附属设施用地规模比例控制在 10%以内），但最多不超过 15 亩；水产养殖的附属设施用地规模原则上控制在项目用地规模 7%以内，但最多不超过 10 亩"的优惠用地政策在很多地方没有得到有效实施。2018 年秋，有的地方根据《通知》的相关标准和依据清理设施用地，例如北京市国土部门相关负责人指出，设施农业项目在生产结束后，经营者应按要求进行土地复垦，占用耕地的应复垦为耕地。单栋种植大棚作为生产设施用地，更要注意保护土壤耕作层，确保耕地质量不受破坏。因此，大棚内外地面硬化、在禁养区范围内进行畜禽养殖、"大棚房"拆除整改后建筑垃圾不清理、闲置和废弃大棚不处置等影响农地复耕的行为都是禁止的。很多地区新兴的田园综合体因为总体规划设计上的整体性和配套性，存在一定的土地不规范利用，在此轮设施用地清理中，普遍受到整改。（4）现代农业工程设施的业主对占用农地普遍十分谨慎，在笔者的调研中发现，不少设施农业业主对于占用农地的行为存在一种"不放心"和"留后手"的心里。在很多农业设施中，业主往往能不"硬化"土地就不"硬化"土地，即便在技术上需要"硬化"也采用砖块等可恢复的手段间接处理。这种做法在那些长期经营现代农业的业主中比较普遍，这些业主也表示，曾经"吃过的亏"使他们在用地问题上十分谨慎。

问题 5：工程设施有没有被抵押融资？受访者回答的要点总结如下。（1）绝大多数现代农业工程设施的业主表示，没有通过现代农业工程设施实现抵押融资。这些业主表示，涉农金融机构不接受农业设施作为抵押物是现代农业工程设施融资梗阻的关键因素，这导致了大量优质的农业投资"沉淀"在农业设施中，无法像工业和建筑业固定资产一样可以获得抵押融资。（2）相关产权证件不齐全也是涉农金融机构不愿意接受现代农业工程设施抵押的重要原因。在抵押贷款中，要件齐备是银行放贷的重要依据，而现代农业工程设施往往没有产权证书，从而在要件上并不齐备。（3）很多业主表示农业设施的确存在不易变现和折旧快的问题，而一般来说抵押物为易于保存，不易损耗，容易变卖的物品，如有价证券、票据、股票、房地产等，所以涉农金融机构不接受现代农业工程设施资产融资也是出于风险控制的考虑。

问题 6：是否了解有其他临近的工程设施被抵押融资？受访者回答的要点总结如下。（1）绝大多数农业设施业主表示，很少听说有临近的现代农业工程设施被抵押融资，投资农业资金主要还是依靠产品销售的资金回流。（2）有涉农金融机构表示听说过通过现代农业工程设施进行融资，但是没有涉农金融机构直接表示操作过设施农业抵押融资。（3）有基层干部表示，新型农业经营主体的融资问题是一个"老大难"问题，目前有多种服务新型农业经营主体的贷款，但是通过现代农业工程设施融资还比较困难。

问题 7：**土地的成本有多高？流转费用是多少？**受访者回答的要点总结如下。（1）当前土地流转的价格有所下跌，根据土地质量不同，大多数农村地区的土地流转价格在 350 ~ 800 元每亩之间，而有的大城市近郊土地流转价格会超过 1000 元每亩。（2）大部分的新型农业经营主体在转入农地之后，都会或多或少地对农地进行投入和改造，这些投入如果不能发挥效益，则就成了新型农业经营主体的"沉没成本"。（3）现代农业工程设施所在农地的流转合同期限普遍较高，大多在 5 年以上，最高则接近 20 年。

问题 8：**工程设施无法融资的原因是什么？**受访者回答的要点总结如下。（1）新型农业经营主体抱怨现代农业工程设施资产不能抵押融资的现象十分普遍，认为现代农业工程设施资产和工业资产一样，理应可以抵押。（2）关于无法融资的原因，主要集中在三个方面：一是没有"土地证"；二是所有权不清晰；三是现代农业工程设施资产不容易交易变现。

问题 9：**对工程设施融资您有哪些建议？**受访者回答的要点总结如下。（1）无论是新型农业经营主体还是涉农金融机构都认为，提高现代农业工程设施资产的可交易性和可流动性是解决其抵押难、融资难的关键。（2）有不少受访者表示，应当建设农村产权交易平台，加快农地经营权交易和放活，实现现代农业工程设施资产的交易、流动和变现。（3）明晰产权归属，规范相关证件，政府扶持担保也是很多受访者的看法。

3.1.3　现代农业工程设施资产融资的典型案例分析

一是农业合作社的一个案例。安徽省六安市金安区的一个主营业务为大棚蔬菜繁育和销售的农业合作社，拥有包括温控物联网大棚、新型双层钢构大棚等设施农业 300 余亩，其农业园区由县政府和经营者各出资 1000 万元建成，形成了 35 处各类现代农业工程设施。2015 年在与合作社负责人初次的访谈中发现，尽管合作社的资产总量较高，合作社负责人也希望能够将设施抵押融资，但是涉农金融机构对于这些农业资产并不感兴趣。为了缓解融资需求，合作社通过公务员担保和私人房产抵押贷款的形式，融资了 200 万元。2019 年笔者又对该合作社进行了回访，在回访时发现，该合作社的现代农业工程设施运营效益较好，但仍然没有通过现代农业工程设施资产实现融资。不过回访中，负责人表示，近年来新鲜果蔬价格的上涨给合作社带来了较好的收益，用他的话说就是"日子比以前好过了"。

二是家庭农场的一个案例。安徽省六安市裕安区的一位家庭农场主，2014年在自家自留地上投资建设了一个80万元的冷库，用于新鲜农产品和山货的临时收储和保存。据这位家庭农场主介绍，冷库正在申请相关农业项目资金补助，预计金额为10万元。2018年笔者电话回访了该家庭农场主，他表示政府农业项目补助资金已经到位，并且2017年他还通过扶贫贷款获得了5万元的低息融资。该扶贫贷款名义上的对象是10户建档立卡贫困户，每户贷款金额为5000元，而实际上获得银行资金的是这位家庭农场主，每年这位家庭农场主付给每户贫困户300元红利，这种模式一方面支持了新型农业经营主体，也带动了贫困户增收。

三是涉农企业的一个案例。山东省济南市周边一处菌菇农业龙头企业，2013年该公司流转农地作为生产菌菇用地，虽然面积只有30亩，但是采用了自动化生产线，亩均投资接近200万元，总完成投资4000余万元。该菌菇龙头企业一亩地年产值200万元，毛利率在20%左右。据企业主反映，企业用地仍然是农业用地，每年付流转费700元每亩给土地承包户。大部分的设施投入均是该企业主个人投资，政府补助较少。从其他类似农业工程设施的调查来看，这些设施具有工厂式的特点，资金密度大，折旧时间长。在经营种类上，多从事菌菇、保健药材、畜禽、渔业等附加值较高的农产品生产。规模化畜禽生产往往能够得到政府的补贴，而菌菇、保健药材等特色农产品的补贴相对较少。在与该企业的负责人访谈中发现，该企业的销售情况较好，但是企业在扩大再生产时也遭遇了资金瓶颈，希望获得涉农贷款，涉农金融机构也考虑过接受该企业的农业设施作为抵押物发放贷款，但额度只有200万元，相对于该企业近5000万元的设施投入，额度太低。该企业的负责人认为其设施作为抵押物融资的额度与设施价值不对等，可能造成很大的风险，故而没有接受涉农金融机构的此项贷款。

四是农业种养大户的一个案例。上海市金山区廊下郊野生态园的入住大户王老板，在生态园中经营了园区总占地面积160亩，主营高端品种鲜桃。该果园占用土地为流转的优质农地，由于果园位于上海市郊，土地流转费较高，为2000元每亩。果园于2004年开始建设，主要的农业设施为连片高质量钢构大棚和温控联栋温室，十几年来的总投资大约3000万元，资金来源主要是王老板经营利润的提存。有意思的是，在询问王老板是否有融资的需求时，王老板明确表示，现在他的果园销路很好，一些品种的桃每个能卖到30元，现金流没问题，也没有扩大再生产的意愿，所以不需要融资，但是在果园初创时期，资金曾经紧张过。从这个案例可以看出，当现代农业工程设施资产高效经营之后，是能够获得较高利润的，这表明扶持现代农业工程设施的初创阶段，在未来获得收益的水平将明显高于传统农业。

由上述调研样本的总体分析和案例分析可以发现，现代农业工程设施资产成功实现融资的比例较少，资产沉淀的比例较高，这些事实与现代农业工程设施资产理论上的高融资价值存在不一致。

3.1.4　现代农业工程设施资产的问卷调查及分析

为了更深入和准确地掌握现代农业工程设施的情况，笔者在田野调查的同时，开展了问卷调查，问卷调查的四个对象分别为现代农业工程设施业主、现代农业工程设施相关农户、部委省级机构干部和基层干部、涉农金融机构。

1. 现代农业工程设施相关主体基本信息的比对分析

笔者在走访现代农业工程设施业主的过程中，围绕业主的基本信息、设施农业的经营情况，设施农业的资产情况、土地使用情况、融资有关情况、设施农业的满意度等方面展开调查。其中部分数据因为叙述逻辑的需要，已在前文中展示。这一部分主要是分析和比对现代农业工程设施相关主体的基本信息（见表 3 – 2 至表 3 – 5）。

表 3 – 2　　　　　　　现代农业工程设施业主基本信息的描述性统计

变量		频数	比例（%）	变量		频数	比例（%）
性别	男	160	84.66	婚姻状况	单身	30	15.87
	女	29	15.34		已婚	159	84.13
年龄	30 岁以下	29	15.34	上年家庭年收入	3 万元以下	5	2.65
	30~40 岁	55	29.10		3 万~5 万元	11	5.82
	40~50 岁	58	30.69		5 万~10 万元	49	25.93
	50~60 岁	35	18.52		10 万~20 万元	80	42.33
	60 岁以上	12	6.35		20 万元以上	44	23.28
受教育程度	小学以下	1	0.53	家庭人口数	3 人以下	5	2.65
	小学	9	4.76		3 人	70	37.04
	初中	19	10.05		4 人	65	34.39
	高中层次	87	46.03		5 人	44	23.28
	大专	49	25.93		6 人及以上	5	2.65
	本科及以上	24	12.70				

资料来源：根据笔者的调查研究素材整理。

表 3 - 3   现代农业工程设施相关农户基本信息的描述性统计

变量		频数	比例（%）	变量		频数	比例（%）
性别	男	89	44.28	婚姻状况	单身	29	14.43
	女	112	55.72		已婚	172	85.57
年龄	30 岁以下	5	2.49	上年家庭年收入	3 万元以下	12	5.97
	30～40 岁	44	21.89		3 万～5 万元	59	29.35
	40～50 岁	49	24.38		5 万～10 万元	76	37.81
	50～60 岁	51	25.37		10 万～20 万元	45	22.39
	60 岁以上	52	25.87		20 万元以上	9	4.48
受教育程度	小学以下	29	14.43	家庭人口数	3 人以下	9	4.48
	小学	54	26.87		3 人	80	39.80
	初中	45	22.39		4 人	59	29.35
	高中层次	35	17.41		5 人	45	22.39
	大专	23	11.44		6 人及以上	8	3.98
	本科及以上	15	7.46				

资料来源：根据笔者的调查研究素材整理。

表 3 - 4   现代农业工程设施相关干部基本信息的描述性统计

变量		频数	比例（%）	变量		频数	比例（%）
性别	男	70	63.06	婚姻状况	单身	29	26.13
	女	41	36.94		已婚	82	73.87
年龄	30 岁以下	29	26.13	上年家庭年收入	3 万元以下	1	0.90
	30～40 岁	24	21.62		3 万～5 万元	25	22.52
	40～50 岁	35	31.53		5 万～10 万元	58	52.25
	50～60 岁	22	19.82		10 万～20 万元	15	13.51
	60 岁以上	1	0.90		20 万元以上	12	10.81
受教育程度	小学以下	0	0.00	家庭人口数	3 人以下	8	7.21
	小学	5	4.50		3 人	61	54.95
	初中	18	16.22		4 人	31	27.93
	高中层次	30	27.03		5 人	10	9.01
	大专	32	28.83		6 人及以上	1	0.90
	本科及以上	26	23.42				

资料来源：根据笔者的调查研究素材整理。

表 3 - 5　现代农业工程设施相关金融机构工作人员基本信息的描述性统计

变量		频数	比例（%）	变量		频数	比例（%）
性别	男	39	38.61	婚姻状况	单身	30	29.70
	女	62	61.39		已婚	71	70.30
年龄	30 岁以下	19	18.81	上年家庭年收入	3 万元以下	1	0.99
	30~40 岁	42	41.58		3 万~5 万元	11	10.89
	40~50 岁	30	29.70		5 万~10 万元	25	24.75
	50~60 岁	10	9.90		10 万~20 万元	45	44.55
	60 岁以上	0	0.00		20 万元以上	19	18.81
受教育程度	小学以下	0	0.00	家庭人口数	3 人以下	9	8.91
	小学	0	0.00		3 人	57	56.44
	初中	19	18.81		4 人	25	24.75
	高中层次	20	19.80		5 人	10	9.90
	大专	21	20.79		6 人及以上	0	0.00
	本科及以上	41	40.59				

资料来源：根据笔者的调查研究素材整理。

通过对现代农业工程设施的业主、相关农户、相关干部、相关金融机构工作人员的抽样调查，从样本中可以发现，这四类主体的基本特征可能存在一些不同点，为此将每个特征的平均值统计于表 3 - 6 中，其中教育程度分别给小学以下、小学、初中、高中层次、大专、本科及以上赋予 1~6 分，并对样本得分取平均值。

表 3 - 6　　　　　现代农业工程设施相关主体基本特征的平均值

主体	男性比例（%）	年龄（岁）	受教育得分	已婚比例（%）	收入（万元）	家庭人口（人数）	样本数
设施业主	84.66	42.55	4.30	84.13	15.33	3.88	189
农户	44.28	51.08	3.07	85.57	8.79	3.85	201
干部	63.06	40.07	4.50	73.87	10.00	3.45	111
金融机构人员	38.61	38.26	4.83	70.30	14.45	3.40	101

资料来源：根据笔者的调查研究素材整理。

从样本平均值的情况看，设施业主中男性比例较高，金融机构工作人员中女性比例较高，这说明设施农业经营可能不太适合女性从事（可能需要较高的体力），也有可能是因为业主一般是家里的男性。从年龄上看，农户分组的平均年龄最大，这可能是因为一般农户的青壮年在外务工的比例较高，留守在家的农户年龄偏大，女性也偏多。从教育程度上来看，金融机构工作人员受教育程度较高，设施业主的教育程度比较明显的高于一般农户，这可能是因为金融机构的从业门槛较高，并且设施农业需要较高的知识技能。从已婚的比例来看，干部和金融机构工作人员比例较低，这可能是因为这两类群体样本的平均年龄较低。在收入方面，设施业主的收入最高，农户的收入最低，这可能表明现代农业经营的绩效高于传统农业和工资性收入。在家庭人口数方面，样本没有太明显的差异。

2. 现代农业工程设施业主的问卷调查分析

在笔者针对性调查的 189 位现代农业工程设施业主中，大部分业主的家庭主要收入来自设施农业经营，具体分布如图 3-2 所示。

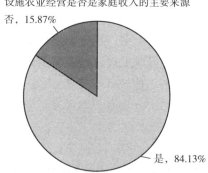

设施农业经营是否是家庭收入的主要来源

否，15.87%

是，84.13%

图 3-2　样本现代农业工程设施业主家庭主要收入来源结构

资料来源：根据笔者的调查研究素材整理。

从图 3-2 样本的显示情况看，经营设施农业的业主其主要收入来源是设施农业经营，也可推断出设施资产是这些业主家庭的主要经营性资产。

设施经营往往也是规模经营，这就涉及土地流转的问题，为此问卷从流转土地面积和流转价格两个方面进行调查，对于这类问题的结果有以下分布（见图 3-3）。

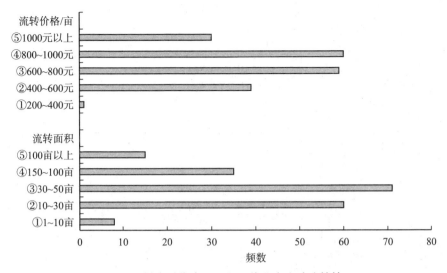

图 3 - 3　样本现代农业工程设施业主土地流转情况

资料来源：根据笔者的调查研究素材整理。

　　从图 3 - 3 的样本显示情况看，经营设施农业的业主流转土地面积的众数是 30 ~ 50 亩，土地流转价格的众数是 800 ~ 1000 元每亩。从样本中可以推断现代农业工程设施资产需要流转土地，但以中小规模流转为主，说明现代农业工程设施经营，特别是设施农业对土地的使用是比较集约的。从流转的价格看，尽管近年来土地流转的价格趋于理性，呈现出不断下降的趋势，[①] 但是从样本的情况看，现代农业工程设施业主的流转价格平均在 800 元以上，这说明有可能是设施农业用地本身属于高质量农地，还有可能是因为设施农业大多签订长期合同，并且经营绩效较好，业主愿意给出较高的流转价格以保持生产的连续性和长久性。

　　劳动力价格的上涨不仅仅体现在制造业领域，农业领域也正在经历用工难、用工贵的情景（殷一博，2019）。通常而言设施农业也属于劳动密集型行业，特别是果蔬的设施农业生产在成熟期和播种期都需要较多的劳动力。从访谈调研来看，很多设施业主反映"用工很贵，找不到人""管吃管住，一百块还打不住"。这些现象在笔者的调查统计中，也得到了一些印证，样本调查的具体分布见图 3 -4。

---

　　① 《农村土地流转遭遇危机》，https：//www.sohu.com/a/324918220_100011234.

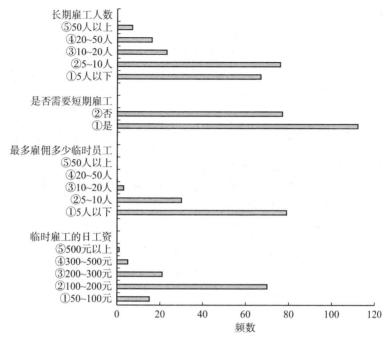

图 3 - 4   样本现代农业工程设施业主雇工情况

资料来源：根据笔者的调查研究素材整理。

从图 3 - 4 中可发现，长期雇工在 10 人以下的设施业主占据了调查样本的大部分。与之相呼应的是，在访谈调研中，很多设施业主都是家庭经营，不少业主的父母亲一辈人也在设施中劳动，而不选择长期雇工。在受调研的样本业主中有约 60% 的受访者需要短期雇工，而短期雇工的人数多在 5 人以下，而雇工工资的众数则是 100 ~ 200 元/天。由样本的这些特征可以发现，很多受访的设施业主还是"小本经营"和"自己动手，丰衣足食"，农业劳动力价格的上涨可能使得这些业主减少雇工的人数。这些样本的调查结果在另一个侧面上反映了设施农业的技术优势、产品质量优势、生产平稳性优势可能会被劳动力劣势所冲销，这个结果与罗必良团队提出的农业"趋粮化"现象在一定程度上是契合的（檀竹平等，2019）。由此可见，如何处理好设施农业的用工问题，平衡好技术与劳动的替代关系，既是设施业主自身的经营决策，也需要在制度设计上予以考量，特别是在利用设施农业扶贫的问题上，如何保证扶贫设施在尽量多吸纳农村贫困人口同时，保持设施技术层面的优势，是需要仔细考量的。

现代农业工程设施的种类较多，设施的技术密集程度亦有所区别，总体的经营绩效也有所差别。为了更好地探究现代农业工程设施资产的运营情况，问卷调查了设施运营的品种、技术水平和经营状况。图 3 - 5 反映了样本的调查结果。

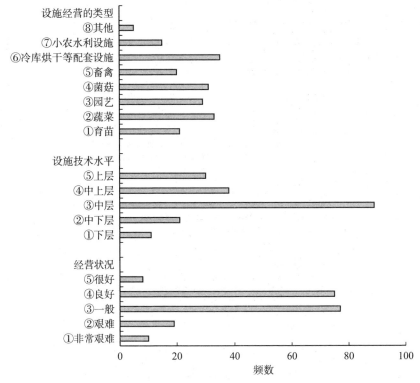

图 3 – 5　样本现代农业工程设施经营情况

资料来源：根据笔者的调查研究素材整理。

　　从样本调查的情况看，现代农业工程设施的种类是比较多样的，受访对象的经营范围包含了育苗、蔬菜、园艺、菌菇、畜禽、配套设施、小农水利设施、其他特色种养如中药材石斛等养生植物，这可能说明现代农业工程设施的种类和覆盖面是较宽的。在技术水平层面对样本的定性调查可以发现，大部分的设施业主认为其拥有设施的技术水平尚可，结合五年来的实地查看，发现设施农业的技术含量在不断提升，至于问卷调查大部分的结果是中等，可能与该问题的主观性有关。对于经营状况，选择良好和一般的样本占了较大多数，这可能反映了设施农业相对于其他传统农业经营的优势。结合访谈调研也发现，设施农业在抗自然风险的能力上要高于传统农业。总体来说，调查样本的经营范围广、种类多，技术水平尚可，经营状况比较良好，但也存在一定的融资难题。

　　在调查设施农业的融资情况之前，先要摸清现代农业工程设施在资产层面的基本情况，为此问卷也对设施农业的资产情况做了调查，其中部分数据结果也已经用在了前文的分析中。图 3 – 6 反映了对于设施资产情况样本调查结果。

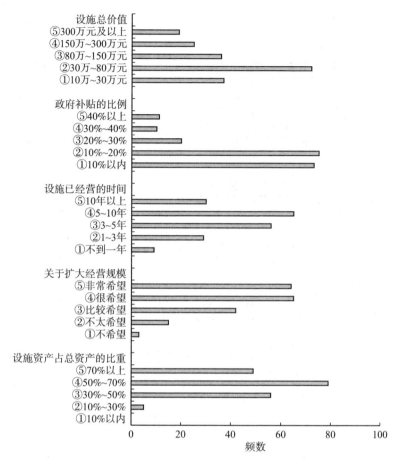

图 3-6　样本现代农业工程设施资产情况

资料来源：根据笔者的调查研究素材整理。

从样本调查的情况看，与动辄上千万资产的工业企业不同，现代农业工程设施的资产体量还是偏小，资产中有政府补贴的情况比较普遍，但补贴资金占比不高。农业设施的经营年限普遍在五年以上，并且在访谈中也发现，设施农业经营得好的业主多是"老把式"和"乡土专家"，很多业主还拥有自己的"秘方"。从业主扩大生产意愿的样本调查中可以发现，扩大规模的意愿还是比较强的，这也潜在地印证了现代农业工程设施业主的融资需求。最后从设施资产占业主总资产比重，可以推断现代农业工程设施是现代农业经营者的重要资产。

大部分现代农业工程设施资产都属于固定设备，占用土地是不可避免的，为了更好地探究前文中提到的用地难问题，问卷专门针对现代农业工程设施资产的用地情况，做了抽样调查，分析的结果如图 3-7 所示。

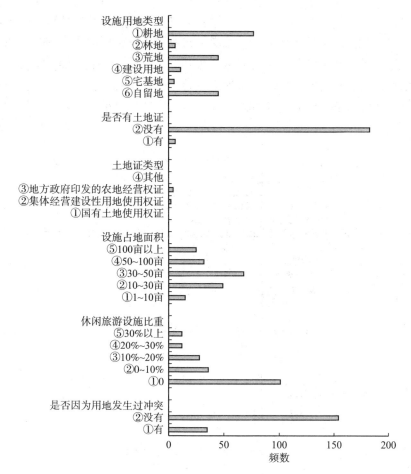

图 3-7　样本现代农业工程设施用地情况

资料来源：根据笔者的调查研究素材整理。

　　从样本调研的结果看，设施农业用地的规范性是一个值得关注的问题。在用地类型方面，使用耕地作为设施农业用地并不少见。从样本的分布看，现代农业工程设施资产用地几乎涵盖了农村全部的用地类型，并且大部分的设施用地都没有相关证件，发展现代农业的内在要求与土地资源有限的冲突在现代农业工程设施资产用地领域的表现是明显的。从设施的占地面积来看，大部分调查样本的占地面积在 100 亩以内，当然大于 100 亩的农业园式连片现代农业工程设施也是较多的，这说明现代农业工程设施占地规模存在明显差异，在处理其用地问题时，应当分类施策。在三产融合和休闲农业方面，受调查的样本大多不包含这类休闲设施，究竟如何看待利用现代农业工程设施发展三产融合，是一个值得关注的问题。最后一个选项有部分业主表示，其设施农业在用地方面与地方主管部门发生过冲突，可见现代农业工程设施用地问题的突出性。

根据我国的基本国情，从绝对数量上看，大多数农业融资属于小微融资、民营融资，加之农业的弱质性，从理论上看，现代农业工程设施业主应当具有比较高的融资需求。为此问卷也对样本业主的融资情况做了调查，具体结果如图 3 - 8 所示。

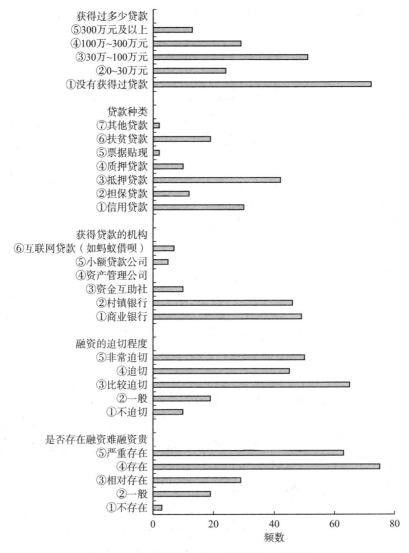

图 3 - 8　样本现代农业工程设施业主融资情况

资料来源：根据笔者的调查研究素材整理。

从样本的调查情况看，相当部分的业主没有获得过贷款支持，获得贷款的业主其贷款金额也多在 100 万元以下。在获得贷款的种类方面，以信用贷款和抵押贷款为主，而在渠道方面仍以银行为主。从样本对融资紧迫性和难易程度的定性调查看，业主有着较高的融资需求，并且这种需求没有得到有效满足，并且受访者认为现代农业融资难、融资贵现象是普遍存在的。

既然设施业主有融资需求，那么他们手上所拥有的现代农业工程设施资产是否在一定程度上改善了他们的融资能力呢？为此问卷也对依托现代农业工程设施进行融资的情况做了调查，具体结果如图 3－9 所示。

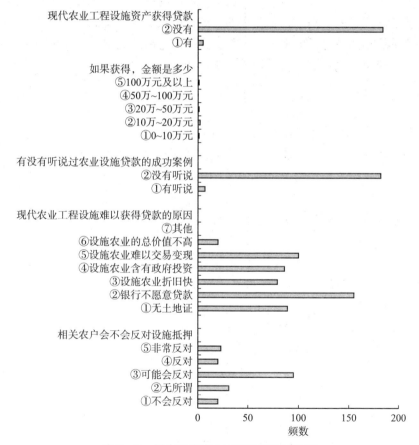

图 3－9　样本现代农业工程设施融资情况

资料来源：根据笔者的调查研究素材整理。

从第一个选项作答的分布看，绝大多数的设施业主没有成功地通过现代农业工程设施资产融资。为此笔者专门针对成功融资的个案做了调查，发现这些成功的设施融资大多是一种尝试。比如山东寿光地区和四川成都地区在当地区政府的支持下实现了农业设施的抵押融资，并且相关媒体还对这种融资模式做了报道，称其为一种新事物，但是在其他地区很少有成功的农业设施抵押融资案例的出现，受访的业主也表示几乎没有听闻过农业设施融资的案例。在调查农业设施资产难以获得抵押的原因方面，从样本选择的分布看，笔者预判的几个问题都是现代农业工程设施资产难以获得融资的主要原因，其中金融机构不愿意贷款是样本反映最多的问题。设施用地的承包户（提供农地的普通农户）可能会反对将设施抵押融资，是相当一部分现代农业工程设施业主的担忧。

从对现代农业工程设施资产业主样本的问卷调查看，设施业主在基本信息上与普通农户有所区别。设施业主的资产经营状况相对良好，资产的规模和占地面积不尽相同，有扩大再生产的意图，设施用地矛盾突出，金融支持需求比较高，但通过现代农业工程设施资产实现融资的情况较少。

3. 现代农业工程设施有关农户的问卷调查分析

现代农业工程设施在用地和用工两个方面会与农户相关联。为此，笔者有针对性地选择了与现代农业工程设施有关联的农户进行了调查，首先分析了相关农户在设施中劳动的情况（见图3-10）。

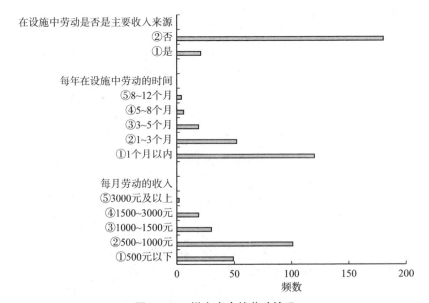

图3-10　样本农户的劳动情况

资料来源：根据笔者的调查研究素材整理。

　　从样本调查的情况看，对于大部分样本农户，设施农业中劳动并不是他们
的主要收入来源，每年在设施农业中劳动的时间也大多在三个月以内。这种样
本的分布结果与现代农业工程设施业主调研的结果是相互匹配的，这说明业主
长期雇工少，以及很多业主在经营中"全家齐上阵"。在相关农户劳动的收入
分布看，大部分劳动的月收入少于 1000 元，这一方面可能是因为劳动的临时
性造成的，另一方面在问及收入时，可能会存在一定的敏感性偏差。

　　现代农业工程设施业主与用工的农户是生产关系中的两个主体，用类似的
问题访谈农户，可以从另一个侧面反映设施农业的经营状况。调查样本的分析
结果如图 3 – 11 所示。

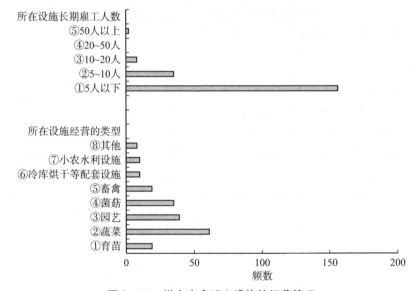

图 3 – 11　样本农户所在设施的经营情况

资料来源：根据笔者的调查研究素材整理。

　　将图 3 – 11 与图 3 – 4 进行对比，无论对于业主还是相关农户，基本上都
反映现代农业工程设施的长期雇工人数多在 10 人以下，而根据对样本农户的
调研可以发现，小农水利设施和农业配套设施的长期雇工人数相对更少，雇工
主要分布在直接生产性设施中。

　　在实地调研中发现，不少农户将自家的承包地流转给了现代农业工程设施
业主，并且就近在设施中劳动，形成了与设施农业业主的利益联结机制，从
图 3 – 12 看，这种利益联结机制是存在的。

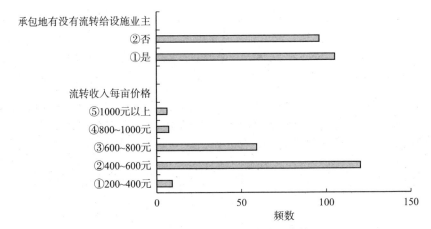

图3-12 样本农户所在设施的经营情况

资料来源：根据笔者的调查研究素材整理。

由于在问卷调查中，选择农户的样本时，侧重考虑了与设施有关的农户，所以在被问及"您是否把自己的承包土地流转给了您现在工作的设施农业业主"这个问题时，有超过半数的农户回答了"是"这个选项。在流转价格方面，对比图3-12和图3-3，可以发现其结果是相互印证的。

随着我国人口红利的逐渐衰减，农村劳动力市场逐渐由买方市场转变为卖方市场，农村劳动力供给日趋偏紧，价格上升。那么从设施相关农户的角度看，当前的劳动力价格是否合理和令人满意？在问卷中也涉及了这部分内容的调研。图3-13反映了农户对劳动状态和劳动所得的满意程度。

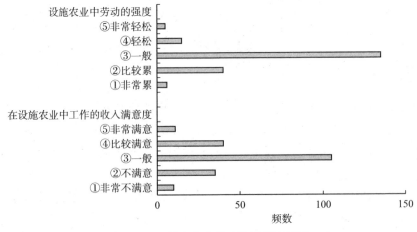

图3-13 样本农户劳动满意程度情况

资料来源：根据笔者的调查研究素材整理。

从样本的分布看，劳动的强度和收入的满意程度分布基本一致，除了选择劳动强度和收入满意度"一般"的选项较多之外，选择劳动强度"比较累"和收入"不满意"的情况也相对较多，样本的这种分布情况可能在一定程度上反映了农村劳动力市场的状态仍有进一步完善的空间。

在相关农户调查问卷的最后，笔者设计了两道从农户视角看待设施经营和设施抵押融资的问题，试图与设施业主调查问卷相互比较，探寻设施抵押是否会招致设施用地承包户的反对，具体样本的分布见图 3 - 14。

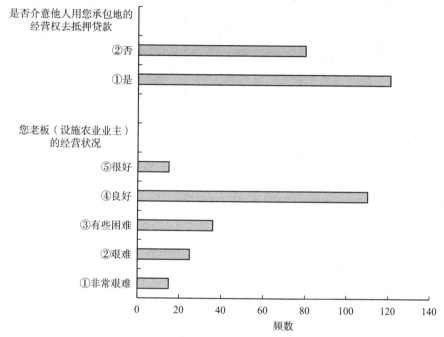

图 3 - 14　相关农户对设施抵押和经营状况的态度

资料来源：根据笔者的调查研究素材整理。

从样本的分布情况看，大部分的受访对象对于经营权抵押存在疑虑，但有趣的是也有不少受访者选择了"不介意"，在同时进行的访谈中发现，流转土地的农户对于土地流转也逐渐理性。例如，有农户就指出"出租土地和出租房子一样，换手是正常的"，因此只要有人通过市场机制"接盘经营权"，农户对于经营权抵押的疑虑是可能被消除的。

通过对农户的问卷调查，在劳动力供给、设施经营状况、土地流转情况等方面为设施业主的调研结论做出了印证和补充，同时也发现了农地经营权市场化的趋势，以及样本农户对土地权益认知的提升。

4. 现代农业工程设施有关干部的问卷调查分析

各级干部特别是基层干部是涉农工作的骨干，干部们的认知关系到现代农业工程设施的重视程度、管理理念和资产运作。为此本研究针对各级干部，特别是基层干部进行了问卷调查。首先调查了干部们对其所在地设施农业基本情况的认识，相关结果如图3－15所示。

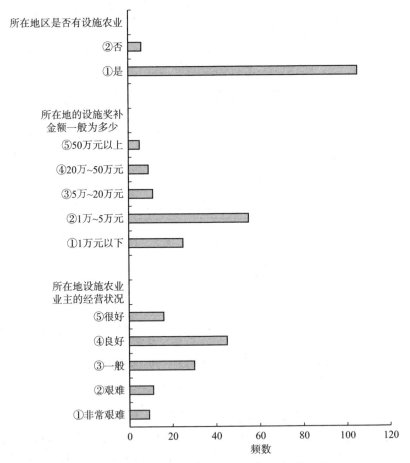

图3－15　相关干部对现代农业工程设施的基本认识
资料来源：根据笔者的调查研究素材整理。

从上述样本调查的分布情况看，大部分干部都知晓其工作所在地有现代农业工程设施，由于问卷的调查对象包含从部委部门到省级部门以及基层部门，且来自不同省份，可见现代农业工程设施的分布是较为广泛的。在设施获得的政府奖补方面，大部分的设施一般可以获得的补贴在 5 万元以下，但是大额的补贴（如 50 万元以上）在样本的调研中也是存在的。从受访的干部视角看，设施的经营状况大部分在一般以上，但也有不少样本显示经营状况不甚良好。

打通现代农业的融资通道，是农口干部（特别是基层干部）的重要工作之一。现代农业融资的情况，相关干部心里也有一笔账，为此在问卷中也涉及了干部对设施融资的看法，具体见图 3-16。

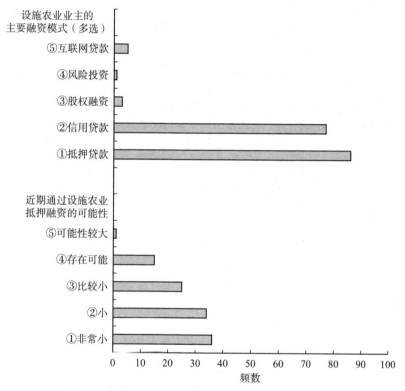

图 3-16　相关干部对现代农业工程设施融资的看法

资料来源：根据笔者的调查研究素材整理。

从调查样本的分布看，干部们认为信用贷款和抵押贷款是设施业主的主要贷款形式，而对于利用现代农业工程设施融资，干部们普遍持不乐观的看法，认为短期内难以实现。

相对于普通农户和设施业主，干部们的学历层次和知识储备应当更为全面，因此他们对设施农业难以抵押融资可能有更多的理解和认识，为此问卷就这个问题对干部们展开了调研，样本的调查结果如图 3-17 所示。

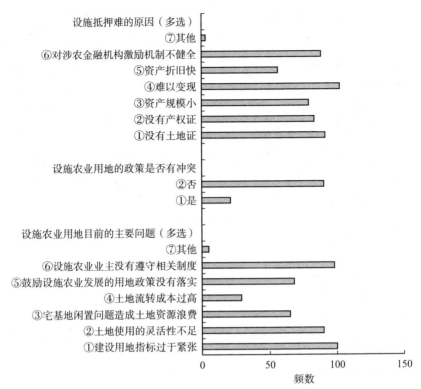

图 3 - 17   相关干部对现代农业工程设施融资难原因的看法

资料来源：根据笔者的调查研究素材整理。

从干部的调查问卷结果看，现代农业工程设施资产抵押融资难的原因是多方面的，并且笔者设计问卷中的选项大都得到了样本对象的选择。对于农业设施用地政策是否有冲突，不少受访对象选择了"是"，结合访谈发现，农业部门、土地部门和环境部门的多头管理是主要原因。

从干部的调查问卷分析来看，干部们也普遍认为现代农业工程设施资产难以在短期内直接抵押，相关政策存在多头管理，设施资产沉淀的现象明显，而其原因是多方面的。

5. 现代农业工程设施相关金融机构的问卷调查分析

直接融资仍是我国社会融资的主要途径，金融机构（尤其是银行）是现代农业工程设施业主主要的融资来源。对金融机构工作人员进行涉农贷款方面的调查，既可以发掘金融涉农贷款难的原因，也可以为相关解决问题提供思路。为此笔者首先设计了问题，调查了金融机构发放涉农贷款的有关情况（见图 3 - 18）。

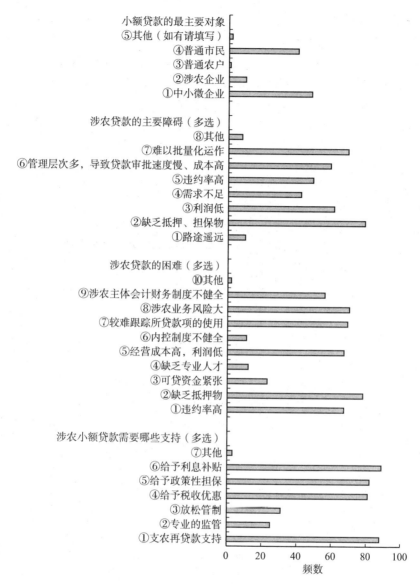

图 3 - 18　金融机构工作人员对涉农贷款的看法

资料来源：根据笔者的调查研究素材整理。

　　从图 3 - 18 的样本调查结果分布看，金融机构小微贷款的对象大多是中小微企业和普通市民，涉农贷款存在一定的障碍。受访者在被问及涉农贷款障碍和困难时，似乎更多地强调涉农贷款的外部原因，比如贷款主体、金融支持政策、涉农经营风险等。对于如何支持涉农小额贷款，较多的选项主要包括支农再贷款支持、税收优惠、政策性担保、利息补贴等方面，从这些选项看，金融机构似乎更希望输血式的支持。

　　现代农业工程设施资产没有盘活，增加了涉农贷款的发放难度。金融机构对于现代农业工程设施资产究竟是何种态度是值得分析的。为此笔者设计了关于金融机构工作人员对于现代农业工程设施资产融资的相关问题，样本的调查结果如图 3 - 19 所示。

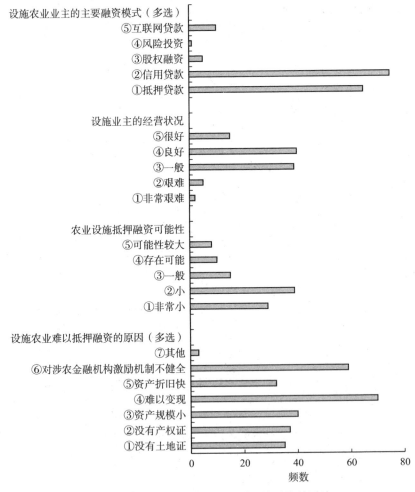

图 3 - 19　金融机构工作人员对设施融资的看法

资料来源：根据笔者的调查研究素材整理。

　　从图 3 - 19 的分布看，抵押贷款和信用贷款是设施农业业主的主要贷款种类，尽管金融机构受访者认为设施农业业主的经营状况较好，但是近期使用农业设施直接抵押的可能较小。至于设施农业难以抵押最主要的原因是设施难以变现和激励机制不足，资产规模小、折旧快、无产权证、无土地证也是受访者的主要看法。

通过对金融机构的问卷调查，可以在一定程度上推断，涉农贷款仍然是金融机构不太愿意涉及的业务，金融机构也不太愿意接受现代农业工程设施资产抵押融资，其中变现难是最主要的原因。

3.2　现代农业工程设施资产融资的主要痛点

调研发现，现代农业工程设施资产处于"沉淀"状态是一个普遍现象，体量巨大，且不断增长的资产数量无法被盘活，实在是一个令人遗憾的事实，那么现代农业工程设施资产融资的主要痛点在哪里？根据前文中的分析和笔者后期的调研总结，本书认为现代农业工程设施资产融资难的主要痛点包含了几个相互交叉影响的方面。

3.2.1　现代农业工程设施资产的用地痛点

土地是最重要的生产要素之一，与资本和劳动不同，土地资源在全世界范围内都是稀缺资源，各个国家对土地利用形态都是有管制的，因此土地的使用不可能做到完全的市场化配置（Sterk S E, et al., 2018）。我国是人均土地资源匮乏的国家，对土地利用也采取管制措施，对于农业用地向建设用地的转化实行较为严格的审批制度。

农业是土地密集型的产业，由于现代农业技术经济的特点以及用地成本的问题，现代农业工程设施资产往往需要设置在田间地头和远离城镇的农业地区。例如安徽省阜阳市太和县高标准农田的一户经营者就表示，为了提高粮食的收储能力，应对秋季多雨的可能，该经营者投资近100万元，建设了一处大型粮食烘干设备。在访谈中发现，从运输成本角度考虑，烘干设备应当建设在离粮食产区较近的地方，但是该经营者经营的土地大多是流转来的，且都是农业用地，因此他表示在烘干设备的选址方面遇到了难题。在农业用地地区，"硬化土地"是受到严格管控的。受访的经营者表示，他的粮食烘干设备用地也是向县国土和农业部门多次请示，才被允许在农田路网附近"硬化"了大约半亩土地，建设了大型烘干设备，但是该设备没有获得土地证和产权证。陕西省咸阳市杨凌区的一家猕猴桃种植合作社，其主要设施是连栋温控大棚，其占用的土地是耕地，在与该合作社负责人的访谈和实地考察中发现，该合作社为了不违反相关的土地政策，在连栋温控大棚建设时采取了一定的技术手段，尽量不破坏土地的耕作层。在连栋大棚设施内部，除了必要人行道路，大部分的设备都以支架"架空"的形式层叠起来，即使是人行道路也仅用一层水泥砖铺在地上做成，且只能容一人通过。合作社的相关负责人表示，之所以在用地方面这么小心，是因为身边发生的不规范用地而遭到处罚的案例较多。

　　设施农业用地一直是农业部门和国土部门关注的重点，为适应现代农业发展需要，促进设施农业健康有序发展，2010年，国土资源部、农业部就下发了《关于完善设施农用地管理有关问题的通知》，明确了设施农用地管理有关要求和支持政策。但随着现代农业和土地规模化经营不断发展，需要进一步完善现行的设施农用地政策，规范用地管理。2014年年底，国土资源部、农业部又下发了《关于进一步支持设施农业健康发展的通知》。在这个文件里，根据现代农业生产特点，从有利于支持设施农业和规模化粮食生产发展、规范用地管理出发，将设施农用地具体划分为生产设施用地、附属设施用地以及配套设施用地。（1）生产设施用地是指在设施农业项目区域内，直接用于农产品生产的设施用地，包括：工厂化作物栽培中有钢架结构的玻璃或PC板连栋温室用地等；规模化养殖中畜禽舍（含场区内通道）、畜禽有机物处置等生产设施及绿化隔离带用地；水产养殖池塘、工厂化养殖池和进排水渠道等水产养殖的生产设施用地；育种育苗场所、简易的生产看护房（单层，小于15平方米）用地等。（2）附属设施用地是指直接用于设施农业项目的辅助生产的设施用地，包括：设施农业生产中必须配套的检验检疫监测、动植物疫病虫害防控等技术设施以及必要管理用房用地；设施农业生产中必须配套的畜禽养殖粪便、污水等废弃物收集、存储、处理等环保设施用地，生物质（有机）肥料生产设施用地；设施农业生产中所必需的设备、原料、农产品临时存储、分拣包装场所用地，符合"农村道路"规定的场内道路等用地。（3）配套设施用地是指由农业专业大户、家庭农场、农民合作社、农业企业等，从事规模化粮食生产所必需的配套设施用地，包括：晾晒场、粮食烘干设施、粮食和农资临时存放场所、大型农机具临时存放场所等用地。各地应严格掌握上述要求，严禁随意扩大设施农用地范围，以下用地必须依法依规按建设用地进行管理：经营性粮食存储、加工和农机农资存放、维修场所；以农业为依托的休闲观光度假场所、各类庄园、酒庄、农家乐；各类农业园区中涉及建设永久性餐饮、住宿、会议、大型停车场、工厂化农产品加工、展销等用地。进行工厂化作物栽培的，附属设施用地规模原则上控制在项目用地规模 5% 以内，但最多不超过 10 亩。

《关于进一步支持设施农业健康发展的通知》规范了现代农业工程设施资产的用地管理，也对各类现代农业工程设施资产用地的指标提出了具体的要求，然而在笔者的调研中发现，该政策似乎没有很好地落实，具体表现在三个方面：一是受访的一部分新型农业经营主体表示不知道有该政策的出台，另一部分新型农业经营主体表示听说过这个政策，但是县土地管理部门似乎并没有执行该文件；二是部分受访的基层农业部门的干部表示，该文件的执行主要由国土部门完成，并且具体细则很难实施，例如文件中的生产设施和附属设施用地的上限和比例与实际需求有较大差距；三是在一些大城市周边该政策被执行"走了样"，一些经营者在大都市周边采取"擦边球"的模式，建设"高标准"大棚房从事非农经营，很多餐饮、住宿、娱乐甚至是住宅变身其中，造成了很坏的影响。于是 2018 年 9 月起全国开展"大棚房"问题专项清理整治行动，而在实际整治过程中也一定程度上也影响到了正规现代农业工程设施的运营。2019 年 12 月自然资源部和农业农村部印发的《关于设施农业用地管理有关问题的通知》，在用地划分、使用永久基本农田、用地规模、用地取得等方面进一步改进突破。

通常而言，在金融机构接受不动产抵押时，都要满足一个"房地合一原则"，即建筑所有权主体与建筑物所占面积的土地使用权的主体应保持一致，这是我国不动产法制坚持的一大原则，在众多法律条文中均有所体现。现代农业工程设施资产在面对这个原则时则存在两个问题：一是现代农业工程设施能否算为不动产；二是现代农业工程设施往往没有"土地使用权证"。以劳动密集型为特色的传统农业时期，第一个问题并不是很突出。因为传统农业时期农业设施体量小、使用年限短、分布零散，但是随着我国农业现代化的深入推进，现代农业工程设施资产体量大、使用年限长、聚集度高，所以很多新型农业经营主体认为他们的现代农业工程设施资产属于不动产。对于第二个问题，则更是影响现代农业工程设施资产融资的重要梗阻。我国的农村土地产权大致经历了从土地改革、人民公社体制、家庭联产承包责任制、农地"三权分置"等诸多个阶段，其演化过程比较复杂，这种复杂的农地权属关系使得在现代农业工程设施资产领域，很难做到所有权主体与建筑物所占面积的土地使用权的主体应保持一致的原则，因此现代农业工程设施资产的产权主体和其所在土地的承包经营权主体往往是不一致的。现代农业工程设施资产产权可能属于各级政府、村集体或者新型农业经营主体，而其土地承包经营权可能属于某一农户或者几户农户，甚至更多农户。现代农业工程设施资产的以上特点使得其难以满足不动产抵押时的"房地合一原则"。图 3 - 20 展现了现代农业工程设施资产的"房地关系"。

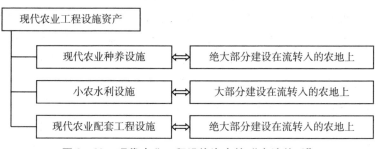

图 3 - 20　现代农业工程设施资产的"房地关系"

图 3 - 20 的分类由笔者根据实地调查总结而来，除了部分完全由政府投资的小农水利设施使用的是集体建设用地，其他小农水利设施、现代农业种养设施、现代农业配套工程设施所使用的土地大多为流转来的农地，其承包权属于农户，设施经营者只拥有农地的经营权而没有通常意义的"土地使用权"。由此可见，用地问题是现代农业工程设施资产抵押的一个关键障碍和痛点。

3.2.2　现代农业工程设施资产的产权痛点

在不动产抵押要件中，最重要的一条就是抵押人必须具备主体资格。即抵押人应具备权利能力和行为能力，同时对抵押物有完整的所有权和处分权。根据前文中的分析可以发现，由于农业的弱质性和国家支农力度的不断增强，现代农业工程设施资产大多都有非企业（或私人）产权。这些资产的归属，有的属于各级政府、有的属于村集体，并且对于很多现代农业工程设施存在政府集体和企业（或私人）共有的状态。这就使得现代农业工程设施资产的实际使用和经营者不具备对现代农业工程设施完整的所有权和处分权，在抵押融资时拿不出有效的产权证明，进而难以贷款融资。单从固定资产的角度看，形成了优质固定资产，却无法盘活贷款，对于固定资产来说就是一种金融价值的闲置，无论这种固定资产的投资方是哪类主体（黄砺和谭荣，2014）。

例如笔者在山东济南周边调研时就发现，当地不少农业设施采取的是 PPP（Public Private Partnership，政府和社会资本合作）模式，县区政府整合资金投资一部分，企业或者个人投资一部分，由企业或个人后续经营。尽管企业或者个人在投资上获得补助，但是政府和企业或个人投资形成的现代农业工程设施资产却因为是共同资产，从而使得资产在整体上无法明确产权主体。这种现象不是个例，在安徽、陕西、江西、北京、上海等多个地区调研中，都发现了现代农业工程设施资产的这个特征。政府支持现代农业发展是现代农业发展的重要支撑，但是各种资金共同形成的现代农业工程设施资产"沉淀"，则是这种好政策的"副产品"。

3.2.3　现代农业工程设施资产的交易痛点

用地问题和产权问题对于涉农金融机构来说，是现代农业工程设施资产"显性"层面的问题，笔者对金融机构访谈的调查发现，很多金融机构不愿意接受现代农业工程设施资产抵押融资的"隐性"原因是现代农业工程设施资产难以"变现"，也就是作为抵押物，在贷款发生风险之后，现代农业工程设施资产难以被处置。据安徽省合肥市肥东县某涉农金融机构的相关业务负责人介绍，涉农贷款业务就像一个"三明治"，受到来自政策和风险两方面的压力。根据银行业相关规定，新型农村金融机构（主要指村镇银行、贷款公司和农村资金互助社）的贷款对象必须是农业项目或者服务周边农村，而农商行、邮储银行和农业银行也有发放涉农贷款的比例要求。于是这些涉农金融机构在发放贷款时，会受到来自规章制度的压力，使得贷款对象必须围绕农业农村展开，但同时在贷款业务人员的考核中，并没有因为是涉农贷款就放松管控，一旦发生风险，贷款无法追回，业务人员就会受到惩罚而处于"半失业"状态。该涉农金融机构的负责人表示，他们不接受农业经营主体直接的信用贷款，如果需要信贷，则需要财政供养人员进行担保，才可发放信用贷款，贷款额度一般为 50 万元左右。对于有政策性农业担保公司担保的农业经营主体，最高贷款发放额度为 300 万元。对于抵押融资，仅可以接受农业经营主体的房产、商铺作为抵押物，不接受现代农业工程设施资产直接抵押融资。这位负责人表示，就日常业务来说，有涉农贷款需求的农业经营主体较多，但是符合发放贷款条件的主体却较少，银行始终还是把风险控制放在第一位。

农业有着天然的弱质性，投资现代农业既需要技术和资金，也需要经验和承担风险的勇气，加上现代农业工程设施资产投资成分的复杂性，导致现代农业工程设施资产很难"换手"，也就是难以交易。在调研中发现，同工业资产的资产专用性类似，现代农业工程设施资产在用途上也有一定的专用性，如果要改变种植品种和经营品种，需要对现代农业工程设施进行投资改造。由此可见，现代农业工程设施难以交易是有其内在原因的，由于难以交易变现，即使资产价值再高，银行也不愿意接受现代农业工程设施资产抵押融资。

3.2.4　现代农业工程设施资产的评估痛点

一般而言，商品住宅的抵押率最高可达 70%，写字楼和商铺的抵押率最高可达 60%，工业厂房的抵押率最高可达 50%。参照工业厂房的抵押率，现代农业工程设施资产的抵押率如果能够达到总投资的 40% 左右，应当是一个比较合理的抵押率，但在实际操作中，现代农业工程设施资产价值的准确评估则是一个难题。首先，对单体现代农业工程设施进行资产评估的意义不大，因为现代农业发展需要设施、土地、技术、劳动、原材料和农资的有效组合才能发挥效益，单体现代农业工程设施只是一个片区现代农业经营的节点，只有各类农业资源有机组合起来，才能发挥效益。其次，随着技术的不断进步，现代农业工程设施的性能和使用年限也在不断提升，这就使得现代农业工程设施的折旧和残值没有一个统一的准则，加上很多地区的现代农业经营在设施上都存在"新老结合"的形态，这也加剧了其资产评估难的问题。最后，在农业农村领域缺少专业的现代农业工程设施资产评估机构，加上现代农业工程设施资产的交易不畅，也难以在市场交易中形成资产价格。

3.2.5　涉农贷款的体制机制痛点

现代农业工程设施资产的运营者，往往是新型农业经营主体，也就是通常所说的"农业大户"，从理论上讲他们应当是农业领域优质的贷款对象，是涉农金融机构"锦上添花"的主要目标客户。早在 2013 年中国农业银行就出台了《专业大户（家庭农场）贷款管理办法（试行）》，2018 年邮政储蓄银行也推出了"家庭农场（专业大户）贷款"产品。但根据笔者对上述金融机构基层分支的调查走访来看，政策的顶层设计初衷和实际操作中的风险控制要求存在一定的冲突。具体而言就是部分贷款业务存在贷款需求高而容易发生风险的可能，这就导致针对"农业大户"贷款的顶层设计，由于实际操作过程的风险频发，在执行中逐渐形成了一道"玻璃门"，让农业大户看得到，却够不着。造成这种现象的深层次原因还是因为农业经营本身的弱质性，只有提高"农业大户"的经营绩效、增加"农业大户"经营的稳定性、提高"农业大户"的经营保障，才能够使良好的政策初衷打通"最后一公里"。

3.2.6　现代农业工程设施资产融资缺乏足够的研究和重视

现代农业工程设施资产在我国处于高速增长阶段，具体体现在两个方面：一是在大田作物的生产上，越来越多的高标准农田建设，形成了与大田作物生产相配套的现代农业工程设施资产，如农田水利设施、路网电力、烘干储藏等设施；二是我国农业呈现出明显工业化趋势，在这个进程中各类大棚设施、工厂化种养设施、贮藏设施等设施也在快速增长。总体而言，现代农业工程设施资产吸收了越来越多的投资，成为新型的农业固定资产投资。对于体量巨大和不断增长的现代农业工程设施资产，学术界和决策层还没有对其融资做出充分研究，重视程度不足。

通过现代农业工程设施资产融资的痛点分析，可以将现代农业工程设施资产融资困难的原因总结为以下几个方面。一是很多现代农业工程设施资产有政府投资，各级政府的投资使得现代农业工程设施资产的实际使用者不具有设施资产完整的所有权，通俗地说就是"不是自己的"，不能用来抵押。二是现代农业工程设施资产没有土地使用权证，根据相关政策大部分现代农业工程设施使用的是农地，所以大部分现代农业工程设施资产没有对应的土地使用权证。三是现代农业工程设施资产难以交易，由于产权不完整和农业的特征，现代农业工程设施资产的交易不活跃。四是现代农业工程设施资产价值没有完善的价值评估方式，很多新型农业经营主体的财务制度也不健全。五是涉农金融机构的贷款模式有待创新。

3.3　本章小结

本章主要对现代农业工程设施资产融资进行分析，通过大量的调查发现大部分的现代农业工程设施资产没有实现抵押融资，特别是对于单体现代农业工程设施资产鲜有直接抵押融资成功的案例。

首先对现代农业工程设施资产的业主（大多是新型农业经营主体）、相关农户、基层干部和涉农金融机构员工等四类人群进行了结构性访谈。其次对安徽省六安金安区的农业合作社、安徽省六安市裕安区的家庭农场、山东省济南市的涉农企业、上海市金山区的农业种植大户，这四种不同类型的现代农业工程设施资产融资进行了的详细的案例分析和问卷调查分析。可以从中发现，现代农业工程设施资产成功实现融资的比例较少，资产沉淀的比例较高，这些事实与现代农业工程设施资产理论上的高融资价值存在不一致的现象。

现代农业工程设施资产融资难最主要的痛点来自现代农业工程设施资产的用地、用权、交易、评估、涉农贷款的体制机制。本章针对这五点进行了详细分析，并将现代农业工程设施资产融资困难的原因总结为以下五个方面：一是现代农业工程设施资产没有土地使用权证；二是很多现代农业工程设施资产有政府投资，各级政府的投资，使得现代农业工程设施资产的实际使用者不具有设施资产完整的所有权；三是现代农业工程设施资产难以交易，由于产权不完整和农业的特征，现代农业工程设施资产的交易不活跃；四是现代农业工程设施资产价值没有完善的价值评估方式，很多新型农业经营主体的财务制度也不健全；五是涉农金融机构的贷款模式有待创新。

第4章 现代农业工程设施资产盘活的利益相关主体分析

现代农业工程设施资产盘活涉及多个相关主体，其中既有市场层面的主体，也有政策层面的主体。比如用地和产权这两个核心问题属于政策层面，而交易和估值则兼有产权和政策层面的原因，至于金融机构的贷款模式看似是金融政策问题，实际上是金融贷款市场机制决定的。因此梳理现代农业工程设施资产盘活的相关主体，并研究他们的策略选择是政策建议和政策制定的先决条件。本章从各个主体的策略选择出发，分析其相互影响，进而为盘活模式和具体政策的推演提供决策依据。

4.1 现代农业工程设施利益主体的分类

随着我国农业现代化的深入推进，新型农业经营主体在农业生产中发挥着越来越大的作用，成为现代农业工程设施资产运营的主力军。资产盘活一定包含资金供需双方，新型农业经营主体是资金的需求方，而各类涉农金融机构则是资金的供给方。

各类涉农金融机构主要包括农业银行、邮储银行、城市农商银行、县区农商行、村镇银行、贷款公司、农村资金互助社、涉农担保公司、农业保险公司等。从总体上看，可以将各类涉农金融机构分为大型涉农银行、小型农村银行、涉农担保公司和农业保险公司。农业银行、邮储银行、城市农商银行可以归为一类，称为大型涉农银行；县区农商行、村镇银行、贷款公司和农村资金互助社可以归为一类，称为小型农村银行。

乡村振兴是国家的一号工程，发展现代农业是国民经济发展的重要基础和压舱石，中央政府对发展农业农村、改善农民民生的重视程度很高，对涉农金融业务的高质量发展也十分关注。中央政府是涉农金融发展的顶层设计者、目标制定者和结果监控者。因此，中央政府也是现代农业工程设施资产盘活的重要相关主体。

由于我国农村产权制度的演化，很多现代农业工程设施都坐落在农户的承包农地上，只不过其承包农地的经营权及附属的现代农业工程设施属于实际的农业经营者。这种复杂的农村产权关系使得原有农地的承包者也进入了现代农业工程设施资产盘活的相关主体范围，并且很多一般农户会通过务工的形式进入现代农业工程设施经营者的业务中，因此一般农户也是现代农业工程设施资产盘活的相关主体。

村集体经济是保障农村基层组织正常运转、巩固党在农村执政地位的重要物质基础，是实施乡村振兴战略、促进农民共同富裕的需要，① 要大力发展农民专业合作社、联合社等农业生产组织，提高农民组织化程度，用规模化、标准化、规范化生产理念代替一家一户的分散式经营模式，着力提高农业科学作业水平，增强农业抵御风险的能力。现代农业工程设施发展离不开村集体的影响，一方面，村集体投资于现代农业工程设施可以更好地进行规范建设，引导种植户积极推进土地流转、集中种植、相互学习、相互监督；另一方面，村集体积极组建和扶持一批种植技术过硬、示范效果明显、带动能力强的新型经营主体，示范带动周边农户规模发展，把小规模培养转为大面积种植进行统一管理，提高农业生产能力。现代农业工程设施资产有利于壮大村集体经济，增强基层党组织的凝聚力，提高村级组织服务群众的能力，将"沉淀"资源转化为现实经济效益，实现资源变资本、产品变商品、村民变股民，巩固脱贫成果。农户可以进一步掌握现代农业工程设施的科学管理并参与设施农业发展，实现经济效益，最终实现产业致富。因此，盘活现代农业工程设施资产同样也是离不开村集体这个重要的利益相关主体。

县乡政府主要指县和县级以下政府，县乡政府是连接中央惠农强农政策和广大农民之间的重要角色。在现代农业工程设施资产盘活领域，县乡政府干部也起着服务、推荐、帮扶的作用，因此县乡政府干部队伍也是现代农业工程设施资产盘活的重要相关主体。随着我国乡村治理体系的演化，特别是第一书记、选调生、大学生村官制度的推广，传统意义上的"村干部"和"基层干部"的边界在逐渐模糊。在本书分析中用"基层干部"指代农村管理中的所有基层干部和村干部。

---

① 《壮大村集体经济助推乡村振兴》，https：//www.xyshjj.cn/newspaper‐2021‐03‐18‐04‐15538877.html.

省级政府是贯彻中央决定、结合本省实际规划地方发展的主体。各省份之间在农业资源禀赋、经济发展水平、财政实力、农村人口数量方面的差异，制约着各个省份农村金融政策的实施，因此省级政府也是现代农业工程设施资产盘活的相关主体。

按照与现代农业工程设施资产盘活这个议题相关程度的高低，认为新型农业经营主体、涉农金融机构、中央政府和基层干部是现代农业工程设施资产融资最重要的四个利益相关主体。

4.2　现代农业工程设施利益主体的关系

现代农业工程设施相关主体在面对实现融资的这一问题上，存在着不尽相同的立场，因此如果没有利益的协调机制，他们的策略选择未必能够使现代农业工程设施资产实现盘活，这也是现实中现代农业工程设施资产融资难的重要原因之一。为了找到现代农业工程设施资产相关主体的协同策略，本书对现代农业工程设施资产最重要的四个相关主体进行两两分析，并总结每个重要主体的策略选择。

新型农业经营主体和涉农金融机构。新型农业经营主体是现代农业工程设施资产的主要运营者，也是主要的投资方。通常而言经营设施农业，其抗风险能力和经营绩效要好于传统农业，但是绝大多数新型农业经营主体都属于民营企业或组织，有着民营企业"融资难、融资贵"的共性困难。与其他制造型企业不同，运营现代农业工程设施资产的新型农业经营主体难以将投资形成的固定资产融资盘活，这就使得新型农业经营主体的资金状况更为困难。涉农金融机构在面对新型农业经营主体的融资需求时，也存在两难的局面，一方面，寻找合适项目、合适的主体，发放涉农贷款，是涉农金融机构重要的营收来源；另一方面，获得有价值和易变现的抵押物也是涉农贷款风险控制的主要途径。由此可见，新型农业经营主体和涉农金融机构供需之间仍然存在难以达成一致的问题，而这个问题的关键就是适合的抵押物。因此在处理新型农业经营主体和涉农金融机构的关系中，营造优质的现代农业工程设施资产是达成供需对接和策略一致的关键（唐德祥等，2015）。

新型农业经营主体和中央政府。我国目前仍然有大约 2 亿小农户，现代农业发展和乡村振兴离不开小农户的参与和作用（陈文胜，2019），然而培育和壮大新型农业经营主体同样是现代农业和乡村振兴的重要抓手。并且小农户和新型农业经营主体之间并不存在明显的边界，小农户同样可以成长为新型农业经营主体。新型农业经营主体是现代农业发展的抓手，现代农业工程设施则是新型农业经营主体最核心的固定资产和经营依托。因此，从顶层设计层面扶持现代农业工程设施建设，并采取简洁、直接和有前瞻性的标准引导现代农业工程设施资产向优质资产方向发展，是可以考虑的策略选择。新型农业经营主体的现代农业工程设施如果能够得到增量农业扶持资金的投入，将有效提升我国的农业现代化水平，提升农业效率，也能够兼顾对小农户的带动作用。

新型农业经营主体和基层干部。尽管新型农业经营主体和基层干部存在一定的交集，例如体制外的很多村干部都是农村的致富带头人，也是新型农业经营主体，但是这并不影响基层干部服务新型农业经营主体。农村基层工作任务重、事情杂，需要给基层干部服务新型农业经营主体提供一些必要的激励，鼓励基层干部关心现代农业工程设施的运营和利益分配，鼓励基层干部向农业部门和涉农金融机构积极推荐优质的现代农业工程设施资产与绩优的新型农业经营主体，从而降低涉农贷款中的信息不对称程度。

涉农金融机构和中央政府。当前我国金融资源从农村净流向城市的现象并没有从根本上逆转，农村金融发展仍然任重而道远（易远宏和王艳，2019）。大型涉农银行业务种类范围广，资金实力雄厚，且央行对这些大型涉农银行贷款对象只有指导性意见，而没有过多的强制性比例限制，使得大型涉农银行对现代农业工程设施资产融资兴趣不高。在一定程度上说，各类银行对涉农贷款方面"讲得多"而"做得少"，对大型涉农商业银行施加政策上的压力手段和激励机制，对于扭转当前涉农贷款总量过少的现状是很有必要的。对于小型农村银行，中央要求资金一般应在涉农领域闭环运行，然而从笔者对一些小型农村银行的实地走访调查中发现，由于央行对存款利率的"窗口指导"，小型农村银行的吸储业务开展十分困难，而同业拆借市场对小型农村银行也有重重限制，当前小型农村银行并没能冲破物理网点少和品牌优势弱的局限。

涉农金融机构和基层干部。在涉农扶持政策中，由于信息不对称、地方配套不足、指标少、门槛高等原因，不少好的涉农扶持政策难以落实到新型农业经营主体上。有的即使获得了农业扶持政策，其力度也往往难以满足新型农业经营主体的期望，金融服务弱化、缺位的通病仍然存在。如何联通农业扶持政策顶层愿景和新型农业经营主体需求的"最后一公里"，基层干部扮演着重要的角色。基层干部对农村情况熟悉，了解新型农业经营主体的实际经营情况、融资需求和还款能力，同时基层干部与涉农金融机构的一线工作人员也比较熟悉，因此基层干部是打破涉农金融信息不对称、对接涉农金融供需"最后一公里"的关键主体。

中央政府和基层干部。中央的政策经过省市和地方，最后的执行几乎都要落到基层干部身上。与此同时，基层干部也是直接联系群众的纽带，他们与群众的关系好不好，往往决定了群众对党和国家的满意程度。在农村金融领域，中央对支农贷款的扶持和要求，也需要基层干部去对接和落实，新型农业经营主体的当前融资困境需要政策扶持，也需要基层干部积极作为，助力现代农业的发展。为了达成这一目标，中央对基层干部也应当采用必要的激励手段。

随着农村金融短板愈发受到关注和重视，政策性农村金融扶持的手段也愈发多样，各个省级地区基本都成立了政策性农业担保公司，为农村金融活动提供政策性兜底。很多农业保险公司也针对设施农业推出了设施农业保险，意图提高现代农业工程设施资产经营的抗风险能力。在设施农业盘活中，涉农担保公司和农业保险公司可以起到平滑设施资产收益、提高设施资产抗风险能力、提高设施资产金融价值的作用。因此通过涉农担保公司和农业保险公司的经营活动可以有效提高现代农业工程设施资产的融资能力。

4.3　现代农业工程设施各主体的策略选择分析

根据前文中的分析，现代农业工程设施资产的核心利益相关主体有四类：新型农业经营主体，涉农金融机构，中央政府，基层干部。在现代农业工程设施资产融资活动中，新型农业经营主体希望通过现代农业工程设施资产获得低息和足够的金融支持，改善资金状况，特别是现代农业工程设施的投资期和项目运营前期是新型农业经营主体对融资最为迫切的阶段。涉农金融机构一方面需要发放涉农贷款，以完成上级部门的支农考核，另一方面它们仍会将风险控制放在第一位，谨慎发放涉农贷款或者提供金融担保。"三农问题"是中央最为关注的重要议题，农村金融也是现代农业经济的核心，选择合适的金融和财政手段推动农业现代化关系到我国国家经济战略安全，因此在农村金融领域"促发展""补短板"是中央政府的策略选择。完成支农工作是基层干部工作的重要内容，支农惠农效果也是考核他们工作业绩的标准之一，如何在繁重的任务面前获得最大的自身效用是基层干部们面临的策略选择。以上是现代农业工程设施资产利益主体各自的利益诉求，对于不同类型的现代农业工程设施资产融资,他们的行为决策会因为现代农业工程设施资产特性的不同而有所区别。表4-1以现代农业工程设施利益主体的分类为横坐标,现代农业工程设施的分类为纵坐标,总结了不同利益主体面对不同类型现代农业工程设施的策略选择。

表4-1　融资视角下各利益主体面对不同类型现代农业工程设施的行为决策

设施分类	新型农业经营主体	涉农金融机构	中央政府	基层干部
政府主导型	长期高效使用	难以作为抵押物	提升利用和管护水平	参与日常管护
政企共建大型	依托设施融资	厘清产权放贷	鼓励设施融资	争取项目资金
政企共建小型	获得全部产权	发放小额贷款	增加支持手段	帮助扶持
企业主导型	按需抵押融资	发放抵押贷款	明确可以抵押	争取奖补

面对政府主导型现代农业工程设施,如农田水利设施,新型农业经营主体显然希望能够长期高效使用,其中"长期"和"高效"是相辅相成的,因为长期使用可以激励新型农业经营主体精心使用和管护这些设施,提高设施的使用效益,避免短期行为。由于政府主导型现代农业工程设施的公益属性,不容易交易换手,价值也不好通过市场交易体现,因此难以被金融机构接受作为抵押物,但是如果这些政府主导型现代农业工程设施能够高效利用,可以提高设施所在农地经营权价值,比如高标准农田的流转费和经营权价值就明显高于一般农田。面对这类现代农业工程设施,涉农金融机构可以采取经营权抵押的方法,间接的实现这类设施的盘活融资。中央政府是政府主导型现代农业工程设施主要投资人,决策层自然希望这些投入能够实实在在地发挥助农、强农的效果,因此在产权不甚清晰的前提下,提升这类设施的利用和管护水平就成为中央政府所关心的目标。政府主导型现代农业工程设施的日常管护机制是实现其高效使用的前提,基层干部在其中扮演了管理者和具体模式设计者的角色,如何管好、用好、维护好这些有公益性质的设施,是基层干部的工作职责。总之,政府主导型现代农业工程设施要想直接融资是比较困难的,需要通过其他手段间接实现其金融价值的盘活。

面对政企共建大型现代农业工程设施,如大型现代农业种养设施,新型农业经营主体也投入了大量的资金,由于存在政府投资,产权不明确,难以直接抵押贷款。大型现代农业工程设施的产能稳定,抗风险能力强,未来可以有较多的现金流,新型农业经营主体是可能依托这些设施进行融资的。涉农金融机构面对政企共建大型现代农业工程设施时,所需要解决的主要问题是获得产权清晰的资产作为抵押物，如果设施资产产权无法厘清，则需要采取其他办法在风险可控的条件下发放涉农贷款。政企共建大型现代农业工程设施是现代农业发展的重要载体，也是中央推动农村金融持续增长的潜在抵押物，鼓励这类设施抵押融资是中央的既定政策。政企共建大型现代农业工程设施往往和一些农业项目有关，基层干部在这些农业项目的申报和实施中，扮演着参与策划、信息收集、上情下达、申报支持等角色。总之，政企共建大型现代农业工程设施具有抵押融资的潜力，但需要厘清产权，促进交易。

面对政企共建小型现代农业工程设施，如小型养殖设施、农产品储藏加工配套设施，其经营者往往是家庭农场和专业大户这两类新型农业经营主体，也有一般农户。新型农业经营主体在投资建设这类设施时，如果获得政府资金，也会使得这类设施的产权不清晰，由于这类设施的投资体量较小，采用合适的方式将政府资金变为设施使用者所有，是新型农业经营主体或一般农户的希望。涉农金融机构，特别是小型涉农银行，在这类设施的产权清晰时，是可以设法发放小额贷款的，小额贷款可以有抵押，也可以是其他形式。政企共建小型现代农业工程设施是承载产业扶贫、将农户卷入农业现代化进程的重要载体，因此中央政府制定有效的引导性政策，因地制宜发展政企共建小型现代农业工程设施是未来扶持农业现代化的重要策略。政企共建小型现代农业工程设施规模较小、抗风险能力相对较弱，但数量众多且带动农户致富的效果明显，这就需要基层干部对这些设施的投资、运营、奖补和交易提供帮助和扶持。总之，政企共建小型现代农业工程设施也具有抵押融资的潜力，但需要改变产权结构，提高运行效益。

面对企业主导型现代农业工程设施，如工厂化栽培设施，新型农业经营主体拥有其完整的产权，具有较高的抵押潜力，特别是在这些设施的投资期和运营前期，新型农业经营主体的融资需求是较高的。如果这类现代农业工程设施能够有效解决土地使用和产权证书问题，且能够进行市场交易，那么涉农金融机构是没有理由不向这些主体发放贷款的。在中央层面也已经明确鼓励农业设施抵押融资，而企业主导型现代农业工程设施可以说是相对最有可能实现抵押融资的。企业主导型现代农业工程设施可能在建设初期没有获得政策资金的支持，但是在后期申请资金奖补的可能性较大，因此基层干部应当引导设施建设达标，积极协助新型农业经营申请奖补资金。总之，企业主导型现代农业工程设施是相对最为容易抵押融资的设施类型，以这类设施为突破口进行融资是贯彻中央决策和推动农村金融深化的重要抓手。

4.4　现代农业工程设施利益主体的利益均衡模式

4.4.1　利益主体角色定位

由于现代农业工程设施资产利益主体诉求不同，为持续稳定现代农业的发展，需要对现代农业工程设施资产利益主体均衡进行规划。

1. 农业企业与新型农业经营主体

农业企业是以提供农产品产前、产中、产后生产为主体的服务企业，以农为主、自主经营、追求经济效益目标，因此，农业企业既是利益主体也是新型农业经营主体。农业经营者是农业生产的不可或缺的一部分，随着现代化的发展，传统农业向现代农业转变，传统的农业经营主体的角色也应向着新型职业生产者转变。

2. 科研机构与设施农业创新

科研机构作为技术创新的供给者，是农科教、产学研的重要组织者。科研机构应当做好推进新型农业现代化的角色定位，一是为企业发展准备好充足的农业科学知识及技术储备，做好战略布局，促进农业高产、稳产达到高质量价值；二是培养高素质科研人员，随时能向农业企业提供技术人员，成为农业企业创新活动的最强参与方和支持者。

3. 政府作为现代农业决策方

政府在现代农业发展过程中起着重要作用，为农业发展提供制度并进行宏观调控，引导、规范、协调和服务农业，为现代农业营造公平竞争的环境氛围，从全局角度出发，统筹兼顾，重视综合利益与长远利益相结合，促进农业良性循环，做好引导者和参与者。政府成为决策方，一是将减少市场干预及直接与实体经营的互动，而将注意力放在政策的规划及制定实施上；二是做好服务型政府，推动设施农业的现代化，积极构建各利益主体能相互沟通、相互合作的平台。

4.4.2　强化利益主体协同机制

在农业现代化进程中，政府、农业经营者、涉农企业、科研机构等相关利益者处于同一个相互配合、相互促进的系统中。从现代农业发展的角度上看，市场化、商品化、产业化、绿色化、机械化、智能化等成为现代农业的主要象征。发展以龙头企业为主的现代农业可以解决农户小规模与大市场之间的矛盾，也能延伸农产品的产业链条，能有效使农业经营者、科研机构、政府等利益相关者相结合，成为利益共同体。

现代农业工程设施各利益主体在构建协同机制上重点突出以下几点。

对农业企业而言，一是把农业企业的目标与现代农业发展目标相融合，实施整体布局；二是发挥龙头企业的带领作用，延伸农产品产业链，实现订单入户，引进现代农业设施，推广新技术及现代管理模式，协助农户标准化生产，打造当地特色产业。龙头企业以利益联合机制为中心，打造紧密的利益关系，实现基地、农户对龙头企业的依赖。

对政府而言，要着重正确发挥政府作用。一是加强对设施农业的财政支持及补贴力度，对农业生产进行监控，尤其做好农产品的价格管理。二是为农业技术搭建平台，提高科研机构与涉农企业的合作效率。改善科研条件，对现代农业尤其是设施农业进行引导，加快科研成果的实地运用。提高现代农业的科技水平。三是采取政策及资金扶持形式，以利益为纽带进行产业化。

对科研机构而言，应积极参与现代农业发展，与农业企业、农业经营者合作，实现共赢。

对农业经营者而言，应在当地政府、农业企业、科研机构的互动中，提高生产管理水平及信用意识，成为新型的农业管理者。

4.5　本章小结

本章分析了现代农业工程设施资产盘活的利益相关主体：新型农业经营主体、涉农金融机构、中央政府和基层干部，并对现代农业工程设施利益主体关系进行两两分析，通过各利益主体对不同类型现代农业工程设施的行为决策进行策略选择分析。现代农业工程设施资产利益主体的诉求不同，对现代农业工程设施资产利益主体实施利益主体均衡规划，可以强化各利益主体协同。

第5章　现代农业工程设施资产盘活的模式选择

在对现代农业工程设施资产的资产现状、存在问题和利益关系进行分析的基础上，本章继续采用理论分析和田野调查的方法，提出现代农业工程设施资产盘活的典型模式，并对理论盘活模式与实践做法之间的差别进行原因分析。

5.1　现代农业工程设施资产盘活模式的理论基础

5.1.1　土地流转

土地流转离不开产权，土地产权能够有效地界定和保护土地资源中的经济关系。农户在市场上流转土地获得的收入即地租，充分体现了农民的权益。在经济学中地租是土地所有者凭借对土地所有权将土地转让给他人使用而获得的收益，它是土地所有权借以实现的经济形式。

区位理论是探索经济行为的空间选择及空间区内经济行为优化组合的理论。根据区位理论可知，在农村土地的流转过程中，地租随着市中心向外拓展而逐渐减少，更加体现了农村土地节约集约利用的应用价值。农村土地节约集约是以现代农业生产技术和管理制度，提高单位农村土地面积的生产要素投入产出效率，促进可持续发展的农村土地利用活动。土地流转是农村土地走向规模化、集约化的必经之路。

5.1.2　农业补贴政策

农业受到自然和市场的双重风险制约，并且农业具有地域性、分散性、季节性等特点，农业规模化生产还有待进一步提高，规模效益并不突出。因此，农业效益相比较于第二产业、第三产业较低。农业补贴是各级政府为了实现粮食安全、提高农民可支配收入、实现农业可持续发展的重要手段。

农业补贴政策方式多种多样，从广义上说，农业补贴的主要对象是"三农"领域中的农业基础设施建设和现代农业工程设施，而直接用作在粮食价格方面的补贴称为狭义补贴。在本书研究中主要指以现代农业工程设施为重点的广泛农业补贴政策体系。

5.1.3　农业区域发展

区域是一个空间的概念，在不同学科中对区域的定义有所不同。政治学将区域定义为国家管理的行政单元，地理学将其定义为地球表层的地域单元、社会学将其定义为具有相同民族特性的人类社会聚落。其中区域分为外部环境和内部结构两部分，是由地形地貌、人口、资源、经济、政治等组成的综合体。美国经济学家胡佛认为区域包含同质和功能两种类型，不同区域之间是相互密切联系的（胡佛，1990）。自然条件、社会经济、政策等都是制约每个区域经济发展的因素。

在一定生产力发展水平下，农业区域经济的发展程度常常受到资金、劳动、技术等因素的限制，同时也能够反映出区域中的资源现状及问题。通过区域资源分析，梳理发展思路，能够促进农业农村稳定发展，为区域现代农业工程设施资产提供稳定支撑。

5.2　现代农业工程设施资产盘活的理论模式

5.2.1　政府主导型现代农业工程设施的盘活模式

在中央推进"三权分置"改革之后，农地经营权的放活有力地促进了农业适度规模经营和农业的提质增效，同时也在一定程度上改变了过去农地过于分散、细碎造成的金融价值"沉淀"的问题。从调研中发现，转入土地几百亩甚至上千亩的新型农业经营主体并不在少数，流转期限十年甚至二十年的也比较普遍，这就给公益性质的政府主导型现代农业工程设施的盘活带来了新的途径，即农地经营权抵押贷款。如同闹市区的商铺容易出租和抵押一样，拥有完善农田水利设施和配套设施的农地，其经营权价值自然较高，通过签订长期、大面积的经营权流转合同，再将经营权抵押给涉农金融机构（特别是小型农村银行），可以将这类农业设施的金融价值"卷入"经营权抵押的价值中，从而盘活这类农业设施。

在具体操作上，应当注意以下几个方面。一是签订较长时期的农地经营权流转合同，提高转入农地的新型农业经营主体对农地的归属感，从而实现他们对农地的持续投入和对已有设施的可持续利用，避免过度使用农地的地力和设施。二是通过经营权抵押贷款对新型农业经营主体进行滚动支持，由于农业生产的周期性，新型农业经营主体在经营中也可能会遇到资金上的"青黄不接"，因此一方面尽量在流转土地时采取年付流转费的方式，另一方面就需要贷款的滚动支持，形成"贷款—经营—还贷—贷款"的滚动支持。三是加大农田基本建设，通过政府投资带动新型农业经营主体投资，提升农地经营权价值。近年来，国家大力发展高标准农田等农田基本建设，在调研中发现，这些政策有效地提高了我国的农业综合生产能力，改善了农地经营条件，但同时也发现国家投入的农田基本建设的深度和精细度仍有待提高，建设标准也有待加强，这就需要农业的实际经营者有意愿向农地进行补充投资，对新型农业经营主体的补充投资加以保护和进一步鼓励。为了达成这个目的，除了实现农地流转经营的长期化，还需要对新型农业经营主体对农地的再投资进行奖补（杜宇能和宋淑芳，2016）。

农业是弱质产业，农地经营特别是粮食作物的规模经营是"露天工厂"，特别是在极端天气逐渐增多的趋势下，无论如何加强农田基本建设，其风险仍然是存在的。由于这类农地经营权收益不稳定，而经营权抵押贷款的本质就是未来现金流的抵押融资，因此通过其他金融手段提高农地经营权未来现金流的稳定性和抗风险能力是十分必要的。农业保险公司和政策性农业担保公司就是提高农地经营权收益稳定性和抗风险能力的重要主体，为了有效保护经营权价值，可以采取农业保险覆盖加农业担保兜底的模式，提升涉农银行对经营权的接受度。

通过市场交易的价格机制形成农地经营权价格，是抵押贷款估值和经营权变现的重要手段，因此建设好、运营好农地经营权交易市场是农地经营权融资的重要保障。为此，在政府层面除了搭建平台，实体化和规范化运营之外，还要加强对农地的投入，"托举"农地经营的收益，降低农地经营的成本，让农业经营成为有希望有前景的行业，从而增加市场的交易者，促进新型农业经营主体的良性竞争和有序合作。图 5 - 1 总结了政府主导型现代农业工程设施融资的理论模式。

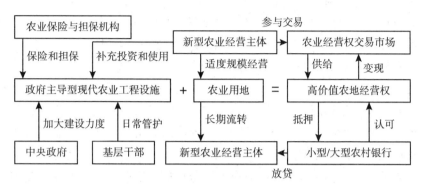

图 5 - 1　政府主导型现代农业工程设施融资的理论模式

5.2.2　政企共建大型现代农业工程设施的盘活模式

从融资视角看，政企共建大型现代农业工程设施的主要特征有以下三个方面。一是设施体量大，投资额高，从建设到投入使用的周期较长，设施的使用年限也较长，这个特点使得政企共建大型现代农业工程设施类似于固定资产，具有理论上的融资价值。二是由多方共同投资形成，产权关系复杂，这类设施资产经常是政府投资一部分、新型农业经营主体投资一部分、农户或集体利用土地入股形成一部分，实际运营者主要是新型农业经营主体，但新型农业经营主体对这些设施没有完全的处置权。三是政企共建大型现代农业工程设施必然占用一些耕地，由于设施农业的技术经济特点，很多现代农业工程设施必须设置在田间地头才能有较低的运营成本，比如冷库、烘干设备、加工设备等，从而这些设施难以满足"房地一体"的抵押物原则。政企共建大型现代农业工程设施的盘活要注意以下几点：一是要提高设备的使用年限和价值；二是要厘清产权归属；三是要解决土地使用权的规范性；四是要加强设施交易的市场建设。

政企共建大型现代农业工程设施要想盘活，首先在设施的建设初期就应当采用高标准设施，提高设施的运行年限和资产价值，但是采用高投资模式可能导致项目投资期和运营前期的资金紧张，这就需要根据项目申请政府资金支持。其次，对于政企共建大型现代农业工程设施的建设，可以根据项目运营进度，适当提前拨付政府资金，从而缓解设施建设主体的资金紧张问题。再次，政企共建大型现代农业工程设施还存在产权归属问题，如果从融资和高效利用的角度看，政企共建大型现代农业工程设施的产权由设施经营者所有是最有利产权安排，因此政府投入采用以奖代补的形式是比较优化的选择。然后根据相关政策，政企共建大型现代农业工程设施也应当尽量减少对农地耕作层的破坏，尽量提升土地集约利用的水平，少占或不占耕地，并争取获取设施产权证（比如从县级政府获取设施产权证）。最后将政企共建大型现代农业工程设施也纳入农村产权交易市场，提高设施的变现能力。

　　关于政企共建大型现代农业工程设施中的政府投资部分的处置是需要进一步讨论的。在工业和服务业领域，政府投资可以通过国有企业进行管理和经营，还有对国有资产进行监督和管理的国有资产委员会。而在农业领域，政府投资相对比较分散，投资的金额也相对较小，主要目的是为了扶持农业发展，提升农业发展水平，不是为了国有资产保值增值，因此不可能采取工业和服务业国有资产管理的模式。通过政企共建的形式投资扶持现代农业工程设施的发展，也是中央支农惠农的一种途径，因此通过合适的方式将这些投资的产权归于农业的实际经营者，是符合新农业补贴政策的改革方向的（李俊高，2018）。从实地调研中也发现，新型农业经营主体对设施的产权拥有越完整、使用的期限越长，其投资和管护的热情也就越高，因此政府对政企共建大型现代农业工程设施的产权应当允许其中的政府投资通过合理折旧逐步进入新型农业经营主体的现金流中。在设施的运营中，也要放手让新型农业经营主体去运行现代农业工程设施，让设施的实际运营者对设施有"归属感"，从而提高对设施的管护和持续投入的热情。从对六安设施农业的追踪调研看，采用政府建设后出租使用，或者联合投资若干年后交给当地村集体的设施，其运行状态都不甚理想，因此在这类设施产权归属的处置上要做出有利于设施实际运营者的安排。总体来说，政府对大型设施的投入也是新农业补贴的一种形式，通过合理的产权设计，让政企共建大型现代农业工程设施成为新型农业经营主体的资产，是这类设施盘活和高效运营的关键。

　　产权问题是政企共建大型现代农业工程设施盘活的主要障碍，而设施用地问题也是阻碍这类设施盘活的重要原因。这类设施的用地性质很多是耕地，而很多这类设施的投资体量又很大，这两个特性使得这类设施兼具耗材和固定资产的性质。由于现代农业工程设施技术含量和价值不断提升，这类设施更具有固定资产的性质，但难以获得土地使用权证，于是评估这类设施的价值，设法制发"产权证"是盘活这类设施的前提。从县级人民政府获取设施产权证，是这类设施获取产权证的可能途径，这种做法既因地制宜也是一种权宜的做法，在一些地区也早已有了此类实践（刘莉和唐泽，2014）。这种给设施颁发产权证的好处至少有二：一是合理界定设施的边界，有利于设施的估值；二是有利于满足抵押融资时的要件，使得设施抵押融资成为可能。其实政企共建大型现代农业工程设施能不能抵押、能不能融资，关键还是要求这类设施有价格、能交易，而产权清晰和产权证书则是有价格、能交易的条件。图5-2描述了政企共建大型现代农业工程设施盘活的理论模式。

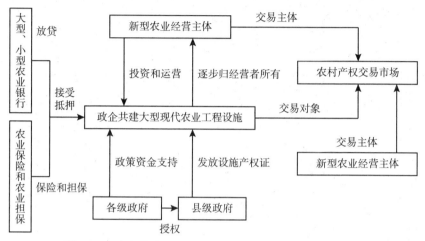

图5-2　政企共建大型现代农业工程设施盘活的理论模式

5.2.3　政企共建小型现代农业工程设施的盘活模式

在调研中发现，很多小型现代农业工程设施也有政府投资的部分。相较于大型现代农业工程设施，这类设施的投资体量小、分布分散，也存在用地不规范的现象，因此能够获取抵押融资的可能性低。不过相对于大型现代农业工程设施，小型现代农业工程设施的政府投资部分更容易处置。在调研中发现，随着脱贫攻坚的推进，很多小型现代农业工程设施获得补助资金，这些补助资金不作为这类设施的产权，而是成为设施经营者的收入。这种政府资金的处置方法对于这类设施的经营和融资是有利的，因为这种政府投资与产权"脱钩"的做法，有利于设施实际经营者对设施的管护和使用，也有利于可能的抵押融资。综合以上分析，对于政企共建小型现代农业工程设施难以采用抵押的方法融资，但仍然可以设法盘活这些设施，例如给这类设施的实际使用者发放小额信用贷款，对于小额信用贷款可以循环授信、滚动发放，支持设施经营者持续从事农业生产。2015年底开始的脱贫攻坚给农业农村面貌带来了巨大的变化，也给小型现代农业工程设施业主带来了新的机遇，将扶贫贷款发放给这类设施的业主，可以缓解设施业主的资金压力，也可以带动贫困户脱贫致富，也是"造血式"扶贫的一种有效方式。当然发展农村产权交易体系，形成现代农业工程设施资产的交易市场，通过市场定价和变现是所有现代农业工程设施资产盘活的重要支撑。最后尽管设施体量有限，农业保险和农业担保也应当降低保险和担保的门槛，通过现代技术（如大数据、物联网和5G手段）简化工作流程，实现对农业经营者的广覆盖。图5-3描述了政企共建小型现代农业工程设施盘活的理论模式。

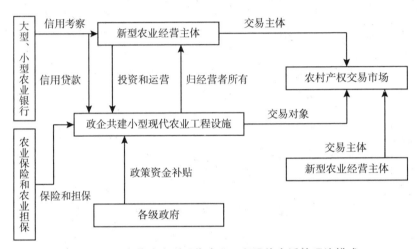

图5-3　政企共建小型现代农业工程设施盘活的理论模式

5.2.4　企业主导型现代农业工程设施的盘活模式

企业主导型现代农业工程设施相对而言是最为容易盘活的。除了保险、担保、交易体系的建设，对于企业主导型现代农业工程设施的盘活，关键步骤是对这类设施发放设施产权证。企业主导型现代农业工程设施通常都是营利能力强的生产设施，有的甚至是工厂化的大型设备，对于这类资产，如果其用地属于集体经营性建设用地，应当遵循"同价同权"的原则发放不动产证。如果设施用地符合国家政策（《关于设施农业用地管理有关问题的通知》），使用的是农业用地，那么可以由县级政府制发设施农业产权证书，明确设施的规模、四至边界和估算价值。通过这些措施，为涉农银行发放设施抵押贷款提供要件支撑。对于用地没有完全符合国家政策的设施，可以采取技术升级、土地整改或土地占补平衡等措施，倒逼设施技术含量的升级和生产的集约化水平，最终达到可以制发设施产权证书的条件。对于政府而言，同样可以采取以奖代补的

措施,对这类设施进行扶持的同时,不打破这类设施原有的产权结构。图 5 - 4
描述了企业主导型现代农业工程设施盘活的理论模式。

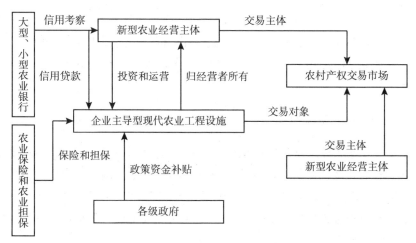

图 5 - 4　企业主导型现代农业工程设施盘活的理论模式

5.2.5　现代农业工程设施资产的融资模式总结

1. 政府主导型现代农业工程设施的盘活模式

农业路网沟渠配套设施、小农水利设施和农村电力供应设施属于政府主导
型农业工程设施,其中政府是投资主体,具有政府主导公益性特点。因此,政
府投资占比越大导致抵押可得性越小,市场交易比较困难。为了盘活政府主导
型现代农业工程设施,可以进行农地经营权抵押贷款,签订长时期的农地经营
权流转合同,并采取年付流转费的方式及贷款滚动支持。除此之外,政府应发
挥积极作用响应国家号召,加大农田基本建设、覆盖农业保险及农业担保、建
立稳定的农地经营权交易市场,提高这类现代农业工程设施的金融价值。

2. 政企共建大型现代农业工程设施的盘活模式

政企共建大型现代农业工程设施是由政府和新型农业经营者共同投资建
立,投资额较高、投资规模较大、政府补贴随着规模扩大而增加,但存在使用
的土地不规范,产权不清晰的问题。因此,为盘活大型现代农业工程设施,政
府应注重产权和设施用地问题,把产权归属于农业经营者,颁发产权证并采取
以奖代补的形式进行优化,与此同时,可以提前拨付政府资金,缓解前期资金

紧张的问题，提高设施的价值，增加抵押贷款的可能性。

3. 政企共建小型现代农业工程设施的盘活模式

相对于大型现代农业工程设施，小型农业工程设施规模比较小，存在少量的政府投资，多为中小型农业经营主体所有，抵押贷款需求高。政府可以进行小额信用贷款，以信用贷款形式循环授信、滚动发放，稳定开展农业经营主体贷款活动。

4. 企业主导型现代农业工程设施的盘活模式

企业主导型农业工程设施投资额大，由企业承担，政府实施的补贴较少并且农业用地依旧是企业的主要用地，没有设施产权证。因此，盘活企业主导型现代农业工程设施最重要的是设施产权证，明确设施规模及价值，可采用政策性农业担保公司做出估价，通过设施产权证明及政策性农业担保公司担保满足涉农银行发放抵押贷款的条件。

对不同类型的现代农业工程设施资产采用不同的融资模式，解决现代农业工程设施资产沉淀的问题，其中政府角色尤为关键，它是完善相关模式的配套措施的重要支撑，是建设和培育农村产权交易体系的重要推手，能够进一步提高现代农业工程设施资产的变现能力，实现现代农业工程设施资产的金融价值。

5.3　现代农业工程设施资产盘活的案例

5.3.1　安徽恒进农业发展有限公司

安徽恒进农业发展有限公司始创于 1984 年，是一家民营农业科研企业，总部在安徽省太和县，公司注册资本 3000 万元，主要从事农作物良种培育、现代规模农业生产。公司在太和有 4700 亩农地的经营权，从事小麦和甘薯的原种生产；在合肥吴山镇有 800 亩农地的经营权，专业从事草莓育种和脱毒草莓苗生产；在阜阳颍东区有上万平方米蔬菜种苗车间；在内蒙古呼伦贝尔有 20000 亩农地的经营权，专业生产脱毒马铃薯原种；在非洲津巴布韦有 40000 亩农地的经营权，专业生产烟草、玉米等。

该公司的农业设施属于政企共建大型现代农业工程设施。政企共建大型现代农业工程设施，由于其投资额高、占地面积大，并且政企共建大型现代农业工程设施往往得到政府补贴，其产权不完全归农业经营主体所有，在抵押贷款时，政府补贴部分的价值难以厘清。从 2014 年起，笔者对恒进公司进行了连续六年的追踪调查，目前公司拥有固定资产近 1 亿元，其中联栋温室、仓储设备、示范大棚等设施资产价值约 5000 万元。通过与负责人的多次访谈，将公司在现代农业工程设施资产运营和融资方面的做法和问题总结如下。

一是公司在发展中离不开各级政府的扶持。作为省级农业龙头企业，在进入 21 世纪后，恒进公司的业务取得了快速的发展，也通过各种项目获得了一定的政策扶持。公司相关负责人在访谈中表示，希望能够获得更多资金上实实在在的支持。

二是公司的投资和业务扩张仍然主要依靠自有资金。尽管恒进公司在太和当地是知名企业，但作为农业民营企业，融资难、融资贵也是企业面临的问题。公司相关负责人在访谈中表示，公司发展和业务拓展主要的资金来源还是自有资金，杠杆率不高。

三是公司的现代农业工程设施投资越来越多，设施的技术含量不断提高，资产价值也越来越大。随着恒进公司的业务向育种、育苗、高端生产迈进，逐渐形成了越来越多的现代农业工程设施资产。这些设施资产配合公司流转的高标准农田，形成了公司带头、农户参与的经营模式，并且这些设施的技术含量越来越高，投资额越来越大，占地范围也逐渐扩大。公司相关负责人在访谈中表示，这些现代农业工程设施承载了企业未来业务的发展，也占用了企业很多的资金，需要多年持续经营才能实现回款。

四是公司的现代农业工程设施没有大面积投保。目前安徽省内的设施农业保险仍没有大范围开展，恒进公司的农业设施大部分也都没有投保。2008 年和 2018 年安徽省的大雪给公司的现代农业工程设施资产造成了一定的损失。这也使得公司近两年花在农业设施质量提升方面的资金增加，农业设施的价值日趋提高。

五是公司在现代农业工程设施用地方面仍然十分谨慎，设施普遍没有土地证和产权证。"硬化土地"是很多现代农业工程设施发展的"禁忌"，相关负责人表示恒进公司曾经为此"吃过亏"，因而在对耕作层的处置方面十分谨慎。在笔者的实地调研中，恒进公司的很多设施占用了耕地，但大都没有破坏耕作层，对于必要的作业道路，大多也是用少量的砖块铺设而成，可以随时恢复耕作层。由于设施大多使用的是农地，恒进公司的大部分现代农业工程设施没有"土地证",也没有申请"设施产权证",只有少量的办公用房拥有不动产证明。

六是公司基本上没有通过现代农业工程设施资产直接抵押融资,但开始尝试了订单融资、应收账款融资等融资新业态。根据笔者连续六年的追踪情况看,恒进公司没有在设施抵押融资方面突破,融资难和融资贵的现象没有完全破解。但是随着公司财务和会计制度的完善,公司也在尝试通过订单和应收账款进行融资。

七是公司的土地流转费用呈持平或下降趋势,但人工成本增长较快,尽量减少人工是公司未来现代农业工程设施运营的主要方向。恒进公司总部所在的太和地区属于皖北平原,耕地条件好,公司在其他地区流转的土地也大部分是高标准农田。随着农地流转逐渐趋于市场化和规范化,恒进公司在流转成本方面没有明显的增加,但是农村的人工成本却出现了激增,这倒逼了恒进公司在设施方面更多地利用物联网等自动化技术,进一步推高了设施的价值。

八是公司试图开展经营权抵押融资,但基本上没有涉农银行愿意接受经营权作为抵押物。公司负责人在被问及经营权贷款时表示:"经营权贷款谈得多、做得少,涉农银行几乎不接受经营权贷款,公司有限的融资一部分是用房产抵押,一部分是信用贷款。"

九是担保融资的实际操作不尽如人意。从 2018 年以来,许多民营企业面临经营压力,其中融资难、融资贵是突出表现。一些融资担保有限公司反担保条件的突然提升,导致其无法继续在银行进行正常续贷,继而陷入了一场意外的危机之中。由于国资性质的融资担保公司在担保政策上的忽然趋严而引发的信贷危局,威胁着太和县内众多民营企业。

5.3.2　上海市金山（廊下）现代农业园区

上海市金山（廊下）现代农业园区（以下称"廊下农业园"）始建于2000 年,位于金山区廊下镇,是上海首批建设的 12 个市级现代农业园区之一,区域总面积 5100 公顷,其中耕地面积 2400 公顷。园区以绿色蔬菜生产和优质水果蟠桃生产为主导产业。区内设一个核心区,六个功能区和一个农产品交易市场。园区是集生产、加工、示范、推广、科研、旅游休闲于一体的综合性农业开发区。

上海是发达的现代化大都市,也是全国现代农业发展的标杆,农业现代化水平位于全国前列（杜宇能等,2018）。都市型现代农业是上海农业的主要形态，大量现代农业工程设施的利用是上海农业的特点，也是廊下农业园产业发展的主要载体。

廊下农业园的设施属于政府主导型现代农业工程设施。通过对廊下农业园的调研，发现其在现代农业工程设施的运营和融资方面有以下特点和经验。

一是通过土地整治为现代农业发展提供基础性条件。从廊下农业园发展开始，园区一直在逐步推进土地整治，具体包括河道整治、田间路网和排灌系统改造、农田防护林建设、土地复垦与平整、高标准农田建设等方面。这种土地整治一方面极大地改观了廊下农业园的地貌景观，也为后期现代农业工程设施的运营提供了良好的用地和水利条件。

二是通过创新土地盘活机制为集约发展提供稳定的土地供给。廊下农业园综合利用土地流转、公司带动、征用拍卖、宅基地置换与改造等手段，集约利用各类型土地，实现园区的整体规模经营。在调研中了解到，廊下农业园农地的租约时间较长，普遍在二十年以上，租金也较高，目前用于设施农业的优质农地租金为每亩 2000 元，其他农地的租金也都在 1000 元以上。

三是实现了建设用地和设施用地的优化配比。廊下农业园所在地区在 20 年前基本上还是较为传统的农业地区，为了达成现代农业和三产融合的发展目标，园区在综合利用原有集体建设用地的基础上，征用了一部分农地，并制定相关规划明确了设施用地的范围。通过这种手段，使得廊下农业园在用地方面，实现了建设用地和设施用地的相互配合，扩大了现代农业工程设施的用地面积，也为三产融合提供了用地支撑。如今廊下农业园正在打造 4A 级旅游景区，2019 年仅廊下农业园的核心区就接待游客 100.58 万人次，仅旅游一项的收入就超过 6000 万元。

四是园区的整体建设得到政府扶持。廊下农业园是金山区政府的重点发展项目，从项目建设伊始就得到了政府在规划、用地、投资和融资方面的支持。从扶持的效果看，政府的输血式投入逐步使得廊下农业园产生了造血的功能。由此可见，扶持现代农业与扶持高新技术企业一样，能够获得长久和可观的收入。

五是园区的现代农业工程设施业主没有很高的融资需求。通过走访入驻廊下农业园的企业，发现这些企业都拥有较多的现代农业工程设施，但是受访者大都表示没有迫切的融资需求，也就没有往现代农业工程设施上多动脑筋。之所以有这样的现象，源于受访的设施业主大多常年经营现代农业，且规模适度，销路旺盛。以园区入驻企业天母果园为例，该果园是最早入驻园区的企业，已经发展了 16 年。企业负责人为农学出身，目前果园以高品质鲜桃采摘为主要经营业务，拥有大量的温控大棚和钢构大棚。果园的农业设施属于企业主导型现代农业工程设施，其土地多属农用性质，但是这些农业土地往往总投资高、价值大。企业负责人表示，企业目前运营情况良好、不愁销路、售价也较高，因此没有融资需求。从这个例子可以了解到，一旦设施农业突破前期的起步阶段后，其效益是十分可观的，对于现代农业工程设施，主要的融资资助期应当放在投资期和运营前期。

5.3.3　成都高威农业公司农业设施抵押

成都高威农业公司是一家生产高端花卉的农业企业。花卉种植是资本密集型农业，需要大量的联栋温室等现代农业工程设施。

成都高威农业公司的农业设施属于企业主导型现代农业工程设施，2014年笔者就实地考察了该公司的农业设施，发现该公司的农业设施资本投入密集，技术含量较高。2014年当地区政府（成都市锦江区）出台了《锦江区农业设施所有权登记管理办法（试行）》，根据该办法，2014年高威公司获得了11栋智能大棚的《农业设施所有权证》，并向成都农商行某支行申请贷款。该支行委托四川某资产评估有限公司进行了专业的估值。评估公司结合重置成本法和资产的实际折旧情况，评估出9栋农业设施价值5900万元。最终该支行接受了这9栋农业设施抵押贷款，向企业放贷2000万元，年利率为基准利率上浮60%，期限为三年。这种做法在当年农村经济界引起了不小的震动，多家媒体予以报道（刘莉和唐泽，2014）。然而根据笔者从"天眼查"网站对该公司的追踪调查发现，由于后期经营中的问题，高威公司未能按期偿还这笔贷款，甚至还将企业的股权向成都农商行做了股权质押。由此案例可以发现，现代农业工程设施资产的抵押融资对涉农银行而言还是存在一定风险的。

通过对上述三个案例的分析，可以获得以下一些启示。首先，现代农业，特别是运营现代农业工程设施的现代农业在一定程度上与高新技术产业的成长有类似之处。现代农业的初期投资和风险并没有高新技术产业那么高，而后期的现金流和回报却是可观的，这就使得在项目投资期和运营前期，"输血式"地扶持现代农业成长，是可以获得"造血式"回报的。其次，现代农业工程设施资产的理论融资价值和实际融资效果之间有距离，仍然存在一定的风险和困难。再次，运营现代农业工程设施需要对农业市场、农业技术和农业规律有较为深入的认识，现代农业工程设施往往在那些深耕农业多年的企业手中才能取得更好的效益。最后，打通农村产权"交易"这个环节，培育农村产权交易市场是现代农业工程设施资产盘活的共性问题。

5.4　现代农业工程设施资产盘活的地方政策实践

对农业和农村的有效投入，是推进农业农村现代化的迫切需要。在投资的同时，加快现代农业设施建设，加强高标准农田建设，提高养殖水平，推进农业全面机械化是农业现代化的应有举措。在我国很多地区，采取了不同措施实践现代农业工程设施资产的盘活，现将一些典型做法总结如下（见表 5 - 1）。

表 5 - 1　　　　　　　　　　现代农业工程设施资产地方实践

现代农业工程设施资产 盘活的关键词	实践地区	主要实践做法
金融机构	福建省福清市	金融机构（涉农银行）对新型农业经营主体进行优惠贷款服务，改变传统模式，创新金融项目
专业合作社	贵州省湄潭县	进行农村集体资产的改革，颁发确权证，建立合作社，盘活现代农业工程设施资产
产业集群	河北省乐亭县	进行现代农业工程设施用地规划，推进土地流转，打造设施农业产业集群促进高新技术发展
惠农政策	辽宁省庄河市	设施农业装备纳入政府补贴序列，简化现代设施农业抵押贷款程序，进行贴息政策
示范区	甘肃省瓜州县	建立示范区提高农业机械化，促使农业规模化构建"贷款建棚、以棚贷款、靠棚脱贫"模式

5.4.1　福建省福清市现代农业工程设施[①]

从前福清是传统农业县，近年来福清大力发展高效农业，设施农业全方位展开。2013 年，福清市被设为国家现代农业示范区农业改革与建设试点地区后，中国人民银行福清支行带领辖区内的银行和金融机构为现代农业提供金融服务。到 2014 年 10 月底，已向 18 个农业合作社发放贷款达 1490 万元，向 51

---

① 《福建福清：金融业助力农业改革与建设试点建设》，http：//www.moa.gov.cn/ztzl/xdnysfq/jyjl/201412/t20141228_4313289.htm.

家大型农业企业发放贷款达 52.1 亿元，至少有 21 户新型农业经营主体加入并顺利完成了涉农贷款业务。例如绿叶公司拥有蔬菜基地 3861 亩，引进荷兰等地优质品种，年产值达 8000 多万元，该公司在福清有标准大棚达 4075 亩，打造"海西设施农业第一县"。① 福清市政府大力扶持现代农业工程设施，同时也吸纳更多民间融资，促进设施农业不断发展。福清市绿丰农业公司根据《关于下达 2019 年设施农业等特色现代农业专项资金的通知》进行农业智慧园项目建设并顺利完成，专家在 2020 年 6 月 4 日进行验收工作，通过验收项目已达到拟定的目标，福清市绿地公司成功地获得 100 万元补助。

全面落实，保证工作取得实效。福清是福建省唯一的国家级现代农业示范区及城镇化试点区域。农业经济规模大，新型农业经营主体迅速发展。对新型农业经营主体进行金融支付能够有效促进县域经济城镇化、工业化及农业现代化发展。因此，中国人民银行福清支行专门召开以新型农业经营主体融资为主题的座谈会。全面贯彻落实会议精神，号召辖区内各商业银行采取有关措施，梳理农业产业化龙头企业名单制度并强化网络营销，有序展开新型农业经营主体的工作。

完善考核指标，安排工作部署。为规范辖区内各行的工作内容，中国人民银行福清支行进行考核指标的完善并做出具体要求，对于新增涉农贷款及贷款增量的相关问题进行督促。不仅如此，要求大型银行例如农业银行、农村商业银行等对农民专业合作社、龙头企业、家庭农场等新型农业经营主体进行"一对一"服务，涉农金融机构至少要新增 1 家农业经营主体的涉农贷款。

建立平台，深入研究。为了使新型经营主体与辖区银行能有序开展工作，中国人民银行福清支行提出与政府联合进行银企对接座谈会，让银行有机会去更深入地了解辖区内的现代农业企业及运营情况。依照现代农业企业的需求初步达成信贷支持意向，为保证银企信贷业务后期的可持续性，中国人民银行福清支行进行多次的企业调研，解决信贷品质及企业资金短缺等问题。

全方位打造，共同推进。为了增强对新型农业经营主体的服务，中国人民银行福清支行与福清农业局、财政局等多方面沟通合作，建立福清市现代农业互助基金，实施多项支农项目及互惠贷款项目，打造"公司 + 农户"的贷款模式，推进现代农业工程设施贷款。

因地制宜采用创新农业支持模式。为了提高扶持强度，邮政储蓄银行福清市支行在现代农业投放 10 亿元，民生银行福清支行向现代农业专项投放 5 亿

① 《福清致力农业转型升级》，http：//www.chdjx.com/caijing/gncj/2010/1202/8461.html.

元。对于支小再贷款、支农再贷款做好动态调整，政府对于连片温室大棚、仓储运输及灌溉等农业设施进行不同程度的补贴，为现代农业工程设施项目的融资做好有利准备。

转变传统评估模式，提高放款效率。福清邮储和民生银行转变传统对客户评估贷款模式，通过实地调查，找出行业最重要的现代农业工程设施进行授信统一指标，例如大棚授信标准每亩达 4500 元，新型农业经营主体拥有 100 亩的大棚种植面积就可以实现 45 万元的贷款。在申请过程中，银行人员可根据农业相关部门的数据进行审核即可完成审批，简化了不必要的程序，打破传统评估模式，与时俱进带动创新，提高放款速度。

实现行业集聚，共享利率优惠。对于有些农户的信用没有达到标准，无法进行贷款业务，中国人民银行福清支行与多方农业企业、农业局等相互协调成立合作社，同时根据自愿互助、利益共享的原则成立了"福清市现代农业行业互助合作基金"，加入社团的社员即使没有营业执照及抵押物，只要获得同行的认可仍可获得福清邮政及民生银行的贷款，同时，邮政及民生银行为减少新型农业经营主体的负担将采取优惠利率政策，从而打破贷款难的问题。

强化服务，创新金融产品。为新型经营主体提供多样化的金融服务及创新形式，邮储银行根据当地情况进行"公司＋农户"及"家庭农场"贷款模式。民生银行深入当地小微涉农企业打造创新型产品，提供咨询、融资、结算等一站式全方位服务。

5.4.2　贵州省湄潭县现代农业工程设施[①]

贵州处于云贵高原，是典型的喀斯特地貌地区，自然灾害频繁、水土流失比较严重。国家加强对贵州的政策扶持，实施调整农业产业结构，在设施农业方面取得快速发展，设施农业面积（大棚及温室）大范围扩大，提升了贵州农业现代化发展水平。

设施农业综合效益凸显。随着农业技术及管理水平的提高，利用现代化技术使设施农业利用率大大提高，增加了农业产出和市场供应，并提高了农民的收入。国家在贵州投资建设许多大型连栋大棚，主要用作于烤烟育苗，大棚闲置期在水上种植蔬菜，大大提高了大棚的利用率并解决了劳动就业问题。

政策引导拓宽融资渠道。贵州经济基础比较薄弱，仅靠农户及当地政府投

---

① 摘编自《现代园艺》2018 年刊文《贵州设施农业发展现状及问题分析》。

资是不足的。因此，当地政府对现代农业工程设施给予税收、财政、贷款等优惠措施，拓宽新型经营主体的融资渠道，成立政府投资基金，调低金融机构贷款条件，带动企业投资入股，推动产业发展。

拓展设施农业产业链。当地缺乏特色农产品，导致农民收益较低。因此，通过招商引资成立农产品产业链，打造知名品牌及龙头企业并成立农业示范工程，开展"生产—加工—销售"运营模式，增强农业专业技术，提高自身竞争力，这些举措对现代农业工程设施的提质增效具有推动作用。

加强人才培养。现代农业工程设施需要专业人员进行设备管理，但目前贵州缺乏专业人员，一方面，政府积极采用人才引进方式，吸纳相关技术人员及管理人员，为贵州设施农业带来动力；另一方面，通过建立管理培训，通过专业人员向农户进行技术及管理培训，带动基层积极学习的热潮，通过创办现代农业工程设施专业服务团队，提高专业化能力，增强农户之间技术的互动。

生产管理，提高机械化水平。贵州因地理环境的特征有利于打造绿色品牌，按照科学化生产标准进行统一栽培、一体化运作，稳步实现设施农业的机械化，确保高产、优质的农业产品。

科学种植，土壤改良。依照不同作物的生长规律，采取轮作的模式处理病虫害及调节土壤平衡，利用先进技术，科学灌溉，增加有机肥，有效检测土壤变化。在闲置期通过低温低冻、高温闷棚等方式控制病原菌的数量，为实现现代农业工程设施的高效利用提供基础。

贵州省湄潭县建立农村改革实验区解决农村集体资产的问题。成立了全省首批村级股份经济合作社并逐一进行改革。① 一是确定农村集体经济组织成员，进行人员登记并归档备案，做好村民权益和集体经济组织成员的义务划界。二是确定农村集体资产权属对各村的现有资金、债务、资产进行清理，明确权属并颁发不动产证书。三是是组建农村股份经济合作社，在集体经济中将资源性及经营性进行平均量化（一人一股），实现成员按份拥有。四是建立农村股份经济合作社，确定集体经营主体是村股份经济合作社，通过挖掘农村资源盘活集体资产，开通市场经营管理，增强集体经济。五是建立县级农村产权流转交易市场，通过市场进行转让、拍卖等交易推动农村产权有序流转。通过一系列集体产权制度的改革，激活农村资产并盘活闲散资金。村集体股份经济合作社完成了集体资金的持股占有，推动了资金向股金方向转变，改变了集体经济的经营方式。

---

① 《贵州湄潭："四确五定"推进农村集体资产股份权能改革》，http：//www. moa. gov. cn.

　　湄潭县在 2019 年 9 月成为"探索农业设施登记抵押担保融资方式"试验试点。县政府要求规范权证担保融资、提高担保融资范围、规划社会项目的招商为后期工作指明方向。在具体工作中，一是抓住机遇促进改革明确改革路径；二是落实政策，完成改革目标任务；三是激发经营主体活力满足产业发展需求；四是政府及金融机构了解最新动态跟随改革步伐，促使农业农村发展。①

　　金太阳果蔬专业合作社成立于 2014 年，涉及 850 户农户。目前，通过农户自愿土地流转，果园规模达 510 多亩，并建设有仓库、冻库、灌溉设施，是国家级示范合作社。在 2020 年初春，金太阳果蔬专业合作社出现了资金困难，合作社负责人拿上《农业设施登记证》到湄潭县的改革试验试点处寻求帮助。随后，湄潭县的改革试验试点工作人员联系相关的金融机构对金太阳果蔬专业合作社的冷库及仓库等现代农业工程设施进行实地评估，最终确定其作为抵押物进入贷款程序。2020 年 4 月 1 日金太阳果蔬专业合作社与湄潭县农商行成功签订了贷款协议，获得 200 万元贷款，成为贵州省首笔农业设施抵押贷款。现代农业工程设施抵押贷款能够使农业设施的作用得到最大限度的发挥，有效解决新型经营主体融资难的问题。

5.4.3　辽宁省庄河市现代农业工程设施

　　辽宁省庄河市利用现代农业工程设施资产进行抵押贷款，在精准扶贫、支农惠农方面发挥有效作用，缓解了融资难的问题。庄河市采取政策创新，成立专门机构办理农业设施物权证，简化办理程序，制定具体措施加快"三权分置"改革步伐。根据政策的指导方针进行三权分置改革，把上地集体所有权、土地经营权、农户承包权落实到位，进一步推进土地流转，扩大设施农业规模。政府支持新型农业经营主体合理利用荒坡及荒山发展设施农业，把生产机具、设施农业装备纳入政府制定的补贴序列，提高对新型农业经营主体购买现代农业设施装备的补贴强度。对设施农业生产的前期、中期、后期的各个环节提供小额资金贷款。

　　加强在土地上已修建的现代农业工程设施（如温室大棚、仓储配套设施、畜禽养殖舍等）物权证的登记及发放，让农户了解其用途优势，解决农户资

---

　　① 《湄潭县召开农业设施登记抵押担保融资方式试验试点推进会暨农业设施登记证首发大会》，http：//www. meitan. gov. cn.

金问题。由大连农商行等银行试点新型农业经营主体抵押贷款，并逐步向全市推广。简化抵押贷款流程，建立一站式服务。各级政府实施贴息政策，降低设施农业生产成本，降低金融机构在现代农业工程设施上贷款的成本。在政府的扶持下，庄河市的现代农业工程设施快步发展，以果蔬为主的温室大棚渐成规模，成为农民更好的抵押物。

5.4.4　甘肃省瓜州县现代农业工程设施①

甘肃省瓜州县大力发展农业产业化，选择优质苗木并进行产业资金扶持、设施大棚抵押贷款、产权制度改革等，推进枸杞优质产品种植。把枸杞种到地里，经过验收县政府给每亩新植的枸杞补贴600元，使得优质的苗子当年就有收入。瓜州把特色产业转变为群众产业，在各乡建立设施农业示范区，修建了130座日光温室，成为有一定规模的示范区，并发放设施贷款。

为解决农户"贷款难、融资慢"的问题，瓜州县采取日光温室确权颁证抵押贷款、成立担保基金，发放小额贷款。通过宅基地使用权、土地承包经营权、林权确权登记颁证等措施，为农业经营者提供免担保、免抵押、小额信用贷款。积极发展以"日光温室产权抵押"为特色的现代农业工程设施贷款，构建"贷款建棚、以棚贷款、靠棚脱贫"的融资模式。县财政规划每年支出500万元作为贷款担保基金，并提供现代农业工程设施发展资金2000万元，解决现代农业工程设施资产贷款融资难的问题。

瓜州县创建了以塑料大棚及日光温室为重点的现代农业示范区。到2018年底，全县已修建日光温室4000多座，占地面积6255亩，年产量达13000吨，还有钢架大棚6255亩，年产量达14800吨，促进了当地现代农业工程设施的发展，使农业发展水平迈上新台阶，农业总产值年增长达7%以上，有效增加了农民收入，促进了当地农业农村发展。

5.5　理论模式和实践做法的差别及其原因分析

通过前述理论模式和实践案例的分析，可以发现现代农业工程设施资产融资的理论与现实仍然存在差距，主要表现在以下四个方面。首先是农村金融大

---

① 《一个"插花型"贫困县的"花式扶贫"》，http://jq.gansudaily.com.cn。

环境发展滞后。长期有价值、短期可交易是金融抵押物的经济前提，然而在我国的农业农村领域，由于农村土地制度的历史演进特征，农业农村的很多资产都处于"沉淀"状态，不仅仅是现代农业工程设施资产。我国的农业现代化进程发展到今天，农村社会的各项事业相较于城市，仍然存在差距，农村金融的弱势很难改变。其次是现代农业工程设施本身产权组成复杂且形态各异。清晰的产权是经济交易的基础和前提，当前设施经营者、政府和农户都可能是现代农业工程设施的所有者，因此，现代农业工程设施在融资中难以满足一般不动产抵押的条件。再次是现代农业工程设施资产的交易市场没有形成，市场主体缺失。目前在农村产权交易市场中，相对比较完善的市场是农地经营权交易市场，特别是在农地"三权分置"改革之后，农地经营权流转交易的体系逐渐完善。其他农业农村"固定"资产，如宅基地、农村房屋、现代农业工程设施的交易市场尚未完善，主要问题是交易主体缺乏，这与我国的城乡二元体制是有关联的。最后是现代农业工程设施融资尚没有得到足够的重视。"投入的几百万设施，一分钱贷款都贷不出来""我的菌菇设备总投资 4000 万元，银行只给贷款 200 万元，不合算""租来的土地，投资这么多设施，心里不踏实"，这些调研中的访谈记录代表了很多设施经营者的心声，但是究竟采用什么方法和路径去破解这些难题，没有得到充分的研究，在实践中，成功的案例也比较少。总体来说，虽然现代农业工程设施资产盘活在当前的阶段仍有困难，但采取措施逐渐实现其盘活在理论上是可行的，在实践中也是必要的。

5.6　本 章 小 结

本章围绕现代农业工程设施资产盘活模式选择展开。

微观案例中，重点对拥有政企共建大型现代农业工程设施的安徽恒进农业发展有限公司、拥有政府主导型现代农业工程设施的上海市金山（廊下）现代农业园区、拥有企业主导型现代农业工程设施的成都高威农业公司进行案例分析；对福建福清、贵州湄潭、辽宁庄河、甘肃瓜州进行的盘活现代农业工程设施资产实践进行了分析。从中可以发现，现代农业工程设施资产融资的理论与现实仍然存在差距。

第6章　现代农业工程设施资产
盘活路径与政策建议

全面深化农村改革没有现成模式可以照搬，必须要有实践、认识、再实践、再认识的过程。40多年来在坚持不懈的改革开放过程中，中国农村的面貌发生了翻天覆地的变化，继续推进农业农村改革，提升农村金融的发展水平仍然需要从理论和实践两个方面探索。对于现代农业工程设施资产的盘活，可以在不同阶段和不同地区，采取分步式的方法逐步推进，逐步盘活。

6.1　现代农业工程设施资产盘活的分步路径

在未来三年到五年左右的时间内，现代农业工程设施资产的盘活可以采取以下路径。

第一，改革政策资金扶持现代农业的方式，用奖补的模式取代投资的模式。如果采取投资的模式，也尽量投资农业基础设施，尽量减少对经营性、生产性设施的直接投资。各级农业主管部门可以通过指定符合当地农业资源禀赋和周边经济发展水平的现代农业工程设施建设奖补标准，这些标准可以适当超前，或至少不低于当地现有农业设施的最好水平，从而鼓励农业经营者建设高质量的现代农业工程设施。为了缓解农业经营者在设施农业投资初期的现金流紧张状况，防止出现资金链断裂，可以根据项目的设计标准和建设进度，以企业信用、政策性担保公司或者第三方企业为担保方，预支一定的奖补资金，从而扶持设施农业发展。

第二，在都市型现代农业地区先行先试，率先盘活这些地区的现代农业工程设施资产。可以率先在都市型现代农业地区发放农业设施产权证，鼓励和奖补高水平设施农业的建设，培育设施交易市场，吸引更多的工商资本进入现代农业行业，形成现代农业工程设施的市场定价机制。在此基础上，推动这些地区的现代农业工程设施资产抵押融资。

第三，通过信贷扶持政策和行业约束政策，"一拉一推"促进信贷资金流向现代农业。所谓"一拉"指的是通过信贷政策扶持，提高涉农银行利润水平，吸引涉农银行从事涉农贷款业务。达到银行业的平均利润水平是涉农银行从事涉农贷款业务的机会成本，这就需要从降成本、增收益两个方面，扶持、引导和约束涉农银行从事涉农贷款。笔者对马鞍山农商银行的调研发现，该行之所以倾向于在合肥等大中城市拓展业务，吸储能力差和资金成本高是重要的原因。由于我国仍然对存款利率实行窗口指导和市场利率定价自律机制的软性管制，使中小涉农银行很难直接吸储，通过同业拆借购买存款成为中小银行放贷资金的来源，资金成本高。根据央行的规定，村镇银行的资金原则上应当在农业领域闭环使用，并且不可以参与银行间同业拆借市场，这使得以村镇银行为代表的小型涉农银行的业务开展困难。为了改变中小涉农银行资金成本高的局面，可以进一步加大支农再贷款工具的使用，逐步提高支农再贷款的资金总量和覆盖面，向中小涉农银行进行资金注血。在增收益领域，可以根据涉农中小银行业务的开展，采取免税和奖励的手段，使中小涉农银行的涉农贷款业务能够达到银行业的平均利润。当前涉农银行"非农化"的现象是普遍的，这就需要推动涉农银行（特别是中小涉农银行）回归贷款业务的"初心"，也就是对中小涉农银行做到"一推"，具体是指加强对中小涉农银行从事涉农业务的约束，规范中小涉农银行的会计报表，提高电算化水平，通过大数据等技术手段，维持涉农中小银行从事涉农贷款的业务比重。

第四，认真落实《关于设施农业用地管理有关问题的通知》的相关规定，放宽对现代农业工程设施资产用地的过度约束，同时采用技术手段，在设施建设施工时，少占耕地，少破坏耕作层。县区一级可以制定相关制度，对符合技术条件、投资额较大的现代农业工程设施发放产权证，确认产权归属、占地范围和估值，为抵押融资提供要件条件。

第五，进一步培育农地经营权交易市场，继续引导、鼓励工商资本进入农业经营权流转市场，扩大农地经营权抵押贷款业务，使基础设施类现代农业工程设施实现盘活。

第六，放宽涉农银行对于新型农业经营主体还贷约束，改革过于严苛的不良信贷业绩考核制度。对于经营状况良好、正在逐步扩大再生产的新型农业经营主体，以及一些有前景的项目和经营者，可以通过税收和信贷两种手段"放水养鱼"，促使现代农业项目有钱可赚，成为有希望、有吸引力的行业。

　　第七，加强政策性农业担保体系和设施农业保险产品的开发。政策性农业担保可以实现财政资金的放大效应，缓解农业经营主体担保难的问题。相对于粮食作物保险，设施农业保险属于特色农业保险，地方财政应当是保费补贴的主要来源。从都市型现代农业区着手，推广有地方政府财政支持的设施农业保险，可以促使现代农业工程设施建设标准的提高，也有利于实现"银保担"的协同发展。

　　第八，改革基层干部的激励机制，适当提高基层干部的奖励绩效。可以根据各地实际情况，将对现代农业的扶持、对农村金融的支持量化成具体指标，融入基层干部的考核体系中，提升基层干部的工作热情。采取这种方法，可以激励基层干部的工作积极性，让基层干部更好地服务"三农"；还可以吸引更多的大学生加入基层干部队伍，提升基层干部队伍素质。

　　未来五年到十年，是我国新型城镇化和城乡融合发展的关键期。在这一时期，现代农业工程设施应当实现提质增效和深度盘活，具体可以采取以下路径。

　　一是实现农业生产的集约化和设施化。以资本换劳动，以技术换劳动，是我国农业现代化的必由之路。因此政府在制定奖补设施的标准上，要瞄准国际水平（如荷兰、以色列），适当拔高设施农业的标准，鼓励适当超前地建设设施农业，形成大量年限久、价值高、技术先进的现代农业工程设施，一方面支撑我国的现代农业发展，另一方面增加我国农村金融的可抵押资产。

　　二是扩大农村建设用地的流转范围，试点农村建设用地用途的扩展。对于农村建设用地，特别是闲置的宅基地，可以扩大流转对象的范围，逐步允许城镇居民进入农村宅基地流转市场，鼓励闲置宅基地转变用途，成为集体经营性建设用地，同价同权地进入用地市场，从而可以用于现代农业工程设施的建设用地。通过农村建设用地使用范围的拓展，逐步使得现代农业工程设施获得完整的土地使用权，实现抵押贷款时的"房地同一"原则，进而有利于设施的抵押融资。除了制定标准、合理引导、以奖代补之外，还可以将现代农业行业纳入高新技术企业孵化器，帮助现代农业工程设施运营主体渡过投资期和运营前期的资金困难阶段。

　　三是将增量支农惠农资金重点投入现代农业发展。通过以奖代补等措施，实现对现代农业投资期和运营前期的孵化和扶持。只要是新型农业经营主体，且主要从事涉农业务，不管是家庭农场还是龙头企业，都可以采取税收减免策略，实现从免除"农业税"向免除"涉农税"的发展过渡，真正做到少取多予，放水养鱼，让现代农业真正成为有前景、有钱赚的行业。

　　四是进一步活跃农村产权交易市场。在这一时期，除了继续完善农地经营权交易，还应当培育农业农村资产交易，包括现代农业工程设施资产、农村房产、农用机械资产、涉农企业固定资产等。活跃市场的方法包括对所有农业农村资产确权颁证，由政府发起、企业牵头组建农业农村资产交易平台，对所有主体的资金和地域开放交易等。

　　五是进一步提升农村金融体系对现代农业的资金支持，在这一时期，除了进一步加大对涉农银行的"推拉"措施，还应当将重点放在对涉农贷款业务良性发展的措施上。比如重点关注涉农贷款的利润水平，适度控制涉农贷款的经营主体数量，防止涉农中小银行数量过度增长而带来的业务效率低下。

　　六是实现农村基层干部的体制化。当前我国农村干部队伍，第一书记往往都是由体制内的城镇干部担任，而不少村干部仍然游离于体制之外，随着我国新型城镇化进程和乡村振兴的发展，村集体向社区化发展是趋势也是潮流。因此，在未来五到十年内逐步实现农村干部队伍的体制化、精干化、年轻化既是激励当前农村基层干部工作动力的有效手段，也是加强党的领导，提升国家治理体系水平的需要。与此同时，还可以逐渐改变干部薪酬随职位"倒金字塔"式的结构，打造干部薪酬体系与工作业绩挂钩的长效机制。这对于鼓励人才奔赴基层、提升基层干部的工作能力和工作激情、实现乡村振兴和现代农业加速发展是有裨益的。

　　未来十年到二十年是我国消除不平衡、不充分发展的实现期，是新型城镇化、城乡融合的竣工期，也是基本实现现代化的关键期。尽管这个时期还远未到来，但是提前预判我国农村金融的发展路径，设想现代农业工程设施资产的盘活方式，对破解目前全面深化农村改革所遇到瓶颈仍然具有方向性的意义。在这个时期农业农村资产应当全面实现盘活，其中就包括现代农业工程设施资产，为了达成这个目标，提出了以下方向性的路径。

　　一是发展现代农业，全面弥合城乡差距。近年来城乡二元差距有缩小的趋势，但绝对差距仍然巨大（宋丽婷，2019）。实现农业现代化和城乡融合的一个重要标志就是使农民彻底转型为一种职业，而不是一种身份，农村居民可以当农民，城镇居民也可以当农民，农业发展的要素资源获取不再局限于农村地区。在这种条件下，现代农业工程设施就可以演变为不动产而不是耗材。在这一时期，应当实现城乡居民统一不动产登记，形成统一的不动产交易体系，进而从根本上实现有价值的现代农业工程设施资产进入全国性的、开放的不动产交易市场。

　　二是持续有力地对现代农业进行补助和扶持。即使是美国、加拿大、荷兰等农业现代化程度很高的国家，对农业的扶持和补助强度仍然是很高的，手段也是多样的（刘炜，2019）。从我国农业的技术经济特点和禀赋条件来看，农业相对于其他产业，其弱质性难以完全克服，因此在未来，对现代农业进行精准扶持，仍然是需要坚持的。现代农业的核心特点之一就是用现代的装备进行农业生产，因此扶持现代农业工程设施的投资、建设和运营，是助力现代农业发展的持续性手段。

三是完善与现代农业工程设施资产盘活相配套的体制机制。比如建立城乡统一的用地管理体系，建立健全城乡统一的社会保障制度，减少农村居民对农地的过分依赖，打破农村产权交易的壁垒，融合城乡产权交易体系，持续通过贴息、免税、再贷款等金融财政手段扶持涉农贷款业务的发展。

6.2 现代农业工程设施资产盘活路径的反馈调查

前述提出了现代农业工程设施资产盘活的路径，那么这些理论上的盘活路径在现代农业工程设施相关主体眼中，究竟合不合适？能不能推行？会不会有效果？这些都是值得推敲和验证的。为此，笔者首先将现代农业工程设施资产盘活路径总结为九条主要措施，再在现代农业工程设施相关主体中进行了问卷调查，请相关主体对这些路径和措施进行评价，以期验证这些路径的可行性和推行中可能遇到的困难。

为了问卷设计的简明性，笔者以近期盘活路径为基础，总结了以下选项：一是规划设施农业发展标准，对符合条件的设施农业以奖代补；二是在大都市周边规划设施农业，率先试点这些地区设施的抵押贷款；三是加大对新农村金融机构支农再贷款力度并允许同业拆借，降低新型农村金融机构的资金成本；四是根据设施农业的实际用途，县级政府对于高价值设施农业发放设施产权证；五是加大农村产权交易市场建设，逐步允许城镇资金投资农村建设用地；六是加强政策性农业担保体系和设施农业保险产品的开发；七是提高基层干部的绩效工资，逐步推行基层干部体制化；八是将增量农业补贴资金重点投资于设施农业等现代化农业生产形式；九是将设施的国有产权部分让渡给业主。笔者围绕这九个路径，通过电话、即时通信软件和现场询问等方式，采访了现代农业工程设施业主89人、涉农金融机构人员68人、部委和省级政府的干部21人、基层干部75人、一般农户95人，得到了这些用户对盘活路径的满意程度，见表6-1（"完全赞同"为5分，"比较赞同"为4分，"一般"为3分，

"不赞同"为 2 分，"完全不赞同"为 1 分）。①

表 6 – 1　　　　　　现代农业工程设施资产盘活方案及其满意度情况

现代农业工程设施 资产盘活方案	设施业主	金融机构 人员	省部级单位 的干部	基层干部	一般农户	平均绝对 偏差
被调查者数量（人）	189	101	21	90	201	
以奖代补发展高标准设施 农业（分）	4.89	4.79	4.64	4.59	4.01	0.23
在大都市周边试点设施抵 押融资（分）	4.89	3.09	4.34	4.88	3.98	0.56
加大对新型村金融机构的 扶持（分）	4.56	4.70	4.23	4.69	4.23	0.20
地方政府发放设施经营权 证（分）	4.81	3.01	4.48	3.91	3.99	0.48
健全农业产权交易市场 （分）	4.82	4.81	4.45	4.62	4.50	0.14
对设施进行政策性担保和 农业保险（分）	4.80	3.50	4.29	4.25	4.01	0.33
基层干部体制化并增加绩 效工资（分）	4.71	4.50	4.27	4.91	3.66	0.36
增量农业补贴投资与设施 农业（分）	4.85	4.60	4.31	4.89	4.01	0.29
设施的国有产权部分让渡 给业主（分）	4.91	4.61	3.85	4.00	3.47	0.47
平均值（分）	4.80	4.13	4.32	4.48	3.98	0.24

资料来源：根据笔者的调查研究素材整理。

从总体上看，现代农业工程设施业主、涉农金融机构负责人、部委和省级政府的干部、基层干部对盘活方案的满意程度较高，都在 4 分以上，尤其是现代农业工程设施业主的满意度较高，可见现代农业工程设施业主对改变当前

① 1 为非常不满意，5 为非常满意，3 分及以下的选项需要受调查者填写不满意的具体原因。

"资产沉淀"的现状最为关注。相对而言金融机构对方案的满意度稍低，低分主要来自"在大都市周边试点设施抵押融资""地方政府发放设施经营权证""对设施进行政策性担保和农业保险"这三个选项，可见涉农金融机构对现代农业工程设施盘活的创新策略仍有所顾虑。值得注意的是一般农户对方案的评价相对不高，这可能是因为盘活路径没有过多地考虑到农户的意见，为此笔者专门针对这个问题二次调查了农户。通过二次调查发现他们的担心主要是经营权被抵押后，如果流转大户经营不善，经营权被处置，会影响到流转租金的收入，不过农户对租金的认识也逐渐理性，这种担心似乎并不那么强烈。

　　总体来看，笔者提出的盘活方案得到了受调查者的基本认同，特别是现代农业工程设施业主、部委和省级政府的干部、基层干部对方案的满意度较高。从平均绝对偏差的数据看，主要的分歧集中在"在大都市周边试点设施抵押融资""地方政府发放设施经营权证""设施的国有产权部分让渡给业主"这三个选项上，第一个选项的分歧主要来自金融机构，第二个选项的分歧也主要来自金融机构，第三个选项的分歧主要来自一般农户。这说明，做好金融机构的工作很重要，要降低他们的成本，破除他们的顾虑，同时也要协调好现代农业工程设施在业主和农户之间的利益分配，保障一般农户的权益。

6.3　现代农业工程设施资产的高效利用

1. 从金融角度看待现代农业工程设施资产的高效利用

　　以福建省为例，该省在设施农业领域中运用联保体贷款，其中最主要的方式有农村小企业联保贷款、公司＋农户贷款（公司负责为农户担保）、农户联保贷款、村民互助基金担保贷款（由村委会引领建立互助担保基金）、城市商业合作社担保贷款（由行业协会及村委会等牵头并要求不少于50人参与建立互助担保基金，银行如中国民生银行给予出资人授信，可按5倍放大倍数实施）。但在实际操作过程中，"联保体"贷款大多限于设施农业的小额贷款，容易受到自然与市场双重风险的影响，因此，为了避免产生集中风险，大额贷款则不采用联保方式。

　　金融风险补偿金的方式被推广使用并在设施农业领域中进行运用，有三种模式作为金融风险补偿金：一是成立担保基金，如中国建设银行进行的小微企业助保金贷款，是由银行、政府、企业三方进行出资建立风险资金池，政府出资担保额 2000 万元，银行依据倍数进行融资，企业需缴纳助保金，根据贷款额的 1%～2% 实行。二是"以奖代补"主要对新型金融机构、涉农贷款增量进行定性补贴及奖励。三是设立风险补偿金。从流程及成本角度上看，建立风险补偿金和"以奖代补"模式相对于担保基金模式运作简洁、成本较低；从政策意向角度上看，担保基金模式更适合政策意图，利于对农业企业及经营大户的扶持；从财政支出角度看，担保基金模式的资金消耗小于建立风险补偿金和"以奖代补"模式。

2. 从政策引导角度看待现代农业工程设施资产的高效利用

政府进行合理布局，统一规划做出具有针对性的设施农业建设标准。在土地流转、技术、管理方面上加强对设施农业的扶持和引导，完善农业设施的补贴方式。探索成套农业设施装备补贴路径，建立农业设施登记制度。确定温室设施产权标准，对符合要求的颁发温室产权登记证明，解决金融机构（涉农银行等）需要的抵押融资的主要要件。如山东寿光的大棚抵押贷款工作，之所以进展顺利，主要原因在于有完善的配套农业设施支持政策，进行确权发证，颁发大棚所有权证。[①] 还可以加入政策性农业保险，帮助新型农业经营主体增加融资额度。建立交易平台，简化流程，运用现代网络进行网上交易，便于农村产权交易，进而为担保机构及金融机构处置现代农业工程设施抵押资产消除顾虑。鼓励金融机构参与设施农业融资，做好政策优惠合理措施，放宽相关文件，使农村合作金融机构成为农村金融发展的重要力量，积极投入设施农业建设，推动管理创新及产品创新。

3. 提供多方面的资金来源渠道，做好融资与投资的双创新

促进品牌建立、基地建设、技术进步、产业融合，满足市场与消费的需求，缩小设施农业区域差异化。例如，在福建省为实现提高对现代农业工程设施资产的信贷支持力度、解决设施农业的金融问题、降低涉农企业的融资成本等，在 2012 年福建省已投放信贷金额达 15 亿元，并在 2013 年继续投放 20 亿元作为专项信贷资金，依靠政策结合地方实践为设施农业产业集群带来创新并对现代农业工程设施资产合理利用，进一步推动现代农业的全面发展。

---

① 《寿光破解农民贷款难题　蔬菜大棚可抵押贷款》，载于 http://www.agronet.com.cn/News/328461.html。

6.4 现代农业工程设施资产盘活的政策建议

农业现代化是一个动态演进的概念，随着农业科技的进步和农业经营体制的改革，农业现代化的要求也在不断提升，现代农业工程设施必然将会得到大发展，盘活现代农业工程设施资产成为农村经济发展的内在要求。围绕现代农业工程设施的盘活，提出以下政策建议。

提高对现代农业工程设施资产盘活的重视程度。农村金融是我国金融体系的短板和薄弱环节。现代农业工程设施在数量、质量和体量上的持续发展，给农村金融的抵押物创造了新的对象，也给活化农村金融体系创造了机遇。因此，需要加强对现代农业工程设施金融价值认识的深度，为农业融资盘活更多的"沉淀"资产。加强对现代农业工程设施资产盘活认识的主体包括：设施的投资方、设施的运营者、政府和基层干部、涉农金融机构和农业农村研究人员。其中设施的投资方在投资时应当尽量明确设施的产权归属，避免出现"公地悲剧"，造成设施的过度使用或闲置；设施运营者应当获得尽量多的设施产权，提高设施的管护水平；政府和基层干部应当重视对设施的规划布局和奖补支持，在一定程度上提速现代农业的发展，同时金融管理部门应当制定和实施有利于涉农贷款稳步增长的奖补措施；涉农金融机构应当认识到现代农业工程设施的资产属性，合理评估资产价值，提升现代农业工程设施抵押贷款的抵押率，并降低贷款利率，在风险可控的条件下，发放设施抵押贷款，获取放贷业务收益和政策奖补；农业农村研究人员可以围绕现代农业工程设施的各个方面，深入研究现代农业工程设施使用技术和经济规律之间的矛盾，并预判这些矛盾的发展，为现代农业工程设施更好地服务农业现代化提供研究支撑。

提升现代农业工程设施资产的技术水平。随着现代农业工程设施技术的不断升级，一些设施，特别是一些现代农业种养设施未必需要"硬化"农村土地，比如各类大棚设施、农产品贮藏设施、加工车间及库房都可以采用新技术，少占或者不占农地。各类大棚设施可以采取轻钢工艺，只在钢架基础支撑部位占用少量农地打基础，并且将基础打深、打牢，提高设施使用年限。各类大棚设施内部地面仍然保留农地的原貌，采用轻质砖块直接在耕作层上铺设少量和必要的作业道路，而将种养设施架空层叠，提高空间利用率。对于农产品贮藏设施，可以采用成品集装箱式的设备，在有水利和电力设备的地点上直接安放，从而最大限度保护农地原貌，也可以方便后期恢复耕作层。一些小型的加工车间及库房可以采用板房的结构，方便设施的建设和可能需要的拆解。对于其他小农水利设施、现代农业配套工程设施在设计时，可以在满足技术条件的基础上，提高"容积率"，打好基础"向上"发展，减少对农地的占用面积。比如采用技术更先进的烘干设备，提高设施高度和自动化程度，实现少占地和多办事。

除了在技术上少占地，在政策上对于现代农业工程设施用地，可以谨慎地放宽。比如适当扩大配套设施建设用地的比例和单体面积上限，对保持耕作层不变或者可以快速恢复地力的设施，可以允许其占用耕地。调整农业设施管理归口单位，将农业设施用地管理主要归由农业农村部门管理。各地农业农村管理部门应当根据部委文件精神，根据地方农业发展特色和禀赋，制定设施农用地的细则。鼓励农业设施集约用地，发展"高容积率"的多层农业设施。对三产融合用地，政策应当适度灵活，不能一刀切地按照"大棚房"进行清理整治，从而鼓励与农业相关的休闲产业的发展，为三产融合发展留出一定的用地空间。

将农村土地确权工作扩展到现代农业工程设施领域。2008 年 10 月，中国共产党十七届三中全会发布《中共中央关于推进农村改革发展若干重大问题的决定》，明确提出"健全严格规范的农村土地管理制度"，要求"搞好农村土地确权、登记、颁证工作"。到 2020 年底，我国的农村土地确权工作基本完成，这项工作为未来农业农村资产的盘活提供了重要的基础性条件。目前农村土地的确权主要包括"三块地"，即承包地的土地确权、宅基地上的土地确权以及农村集体建设用地的确权。对于现代农业工程设施，也可以采取类似的确权措施，第一步可以由当地县（区）政府发放具有地方特色的设施产权证，探索现代农业工程设施发证所需要的涵盖的内容，比如设施的四至、价值、年限、产权归属如何标明，如何核算，为下一步大范围对现代农业工程设施发放产权证做试点和准备。第二步可以逐步将现代农业工程设施的确权颁证扩大到省、市一级。考虑到当前省直管县和适度规模经营的跨区域发展，可以根据各省实际情况，以省为单位制定现代农业工程设施确权颁证的标准和细则，摸清现代农业工程设施的家底，鼓励发展现代农业，明晰现代农业工程设施的资产归属。第三步将现代农业工程设施资产纳入全国不动产统一登记体系，打破城乡要素流动隔阂，为彻底地实现现代农业工程设施盘活提供交易体系。

对现代农业发展实施精准和高效的政策支持。要维持现有农业支持保护补贴水平不下降。2016 年农业部将种粮农民直接补贴、农作物良种补贴和农资综合补贴合并为农业支持保护补贴。2016 年这项补贴的总金额约为 1500 亿元，目前该项补贴总金额在 1700 亿元左右（张露等，2018），在各地补贴的对象一般是普通农户，也就是农地的承包者，亩均补贴 100 元左右（在调研中发现，不少地区也将部分甚至全部农业支持保护补贴发放给农地的实际经营者，笔者认为这种做法是不妥当的）。为了在今后更好地将增量农业支持补贴资金精准投放到现代农业上，维持目前的农业支持保护补贴水平和发放对象是十分必要的。一方面，因为农业支持保护补贴有助于维系农地的农业用途，对我国的农业生产，特别是粮食生产，起到压舱石式的保障作用；另一方面，普惠式的农业支持保护补贴如果取消或转为他用，对于拥有承包地的一般农户将是一种损失，并且这种损失的影响面太广，容易引起很多农户的误解，影响政府的公信力。对于增量补贴，应当将其重点用于现代农业和新型农业经营主体。随着我国农地改革的深入推进，特别是三权分置改革之后，农业适度规模经营进入了发展的快车道，同时也造成了我国特有的"大佃户、小地主"的农地产权关系，这就使得农业的实际经营者存在成本高和经营不稳定的问题，因此需要将增量的财政补贴定向、精准的投向农业的实际经营者。

　　将补助现代农业工程设施作为增量农业补贴精准施策的依托。现代农业工程设施是现代农业的重要特征，也是政策支持现代农业的有力依托，现代农业工程设施建设得好、管理得好、运营得好，才能摆脱农业靠天收的局面。因此依据现代农业工程设施投资、建设、运营的情况来进行政府补助是实现增量农业补贴精准施策的重要标准。从笔者调研的情况看，研究制定现代农业设施发展标准，按照标准以先建后补、以奖代补是比较有效率的做法，这种做法可以避免现代农业工程设施产权关系的复杂化，但是也会加剧新型农业经营主体在现代农业工程设施投资期和运营前期的资金紧张，这是因为拔高标准的以奖代补，必然会增加对现代农业工程设施的投资，并且农业生产周期较长，新型农业经营主体的资金短缺难以避免。为此笔者提出采取"规划标准、先建后补、以奖代补、分批拨付"的建议，具体含义是由政府牵头、专家合议、制定符合当地现代农业发展的现代农业工程设施建设规划标准和奖补细则。鼓励企业按照规划标准和实际需要投资建设现代农业工程设施，并留存相关建设资料和台账，用于申请奖补。对达到规划标准的现代农业工程设施，根据奖补细则，及时采取现金奖励的形式发放给现代农业工程设施的投资建设者。对处于施工阶段和部分投入运营的现代农业工程设施，可以根据项目合同、项目施工图纸和实际建设情况，提前进行奖补，并根据项目投资规模，分批次发放奖补资金，直至项目完全建成并投入使用。

　　管护好现有现代农业工程设施资产，理清现有现代农业工程设施资产的产权关系。对高价值、高投资的现代农业工程设施，应当明确管护主体，尽量采取谁所有、谁管护的市场化做法，降低管理成本。对于减值较快的现代农业工程设施资产，可以按需进行升级改造，并申请政府奖补。针对既有政府产权，也有企业或个人产权的现代农业工程设施资产，可以有两类处理办法：一是对政企共建型现代农业工程设施，可以鼓励现代农业工程设施的运营者采取赎买的方式，将这类现代农业工程设施的所有权完全归运营者所有，从而理清产权关系；二是对政府主导型现代农业工程设施，可以将设施的使用权以较低的价格长租给设施的运营者，从而整合这类设施和农地的经营权，提升农地经营权价值，为间接实现这类设施的盘活和高效使用提供产权条件。

政府的增量支农惠农资金也应当支持现代农业工程设施的保险和政策性农业担保。在我国，主粮保险主要由中央政府承担保费，而现代农业工程设施承担的农业业态则更为丰富，既包含主粮生产，也包含养殖、育种、园艺和经济作物，并且每个地方的农业禀赋不同，特色产业和产业优势也不同。这就需要地方政府承担现代农业工程设施保险的主要保费，从而因地制宜、发挥优势。各大农业保险公司，应当和地方政府密切配合，出台现代农业工程设施保险，这既有利于降低现代农业工程设施作为抵押物时的减值风险，也可以通过保险条款，倒逼现代农业工程设施建设标准的提高，从而增强现代农业工程设施资产抵抗暴雪等自然灾害的能力。由政府牵头组建农业担保体系，是近年来农业担保业务发展的经验，未来应当继续加强政策性农业担保体系的建设，降低现代农业工程设施融资的风险。

引导现代农业工程设施的高水平建设和高效利用。一是由地方政府联合相关农业专家，共同制定符合当地农业特色和禀赋的现代农业工程设施建设指导标准，适度超前规划，从而提高农业现代化程度、防止低水平重复建设，这也是贯彻习近平总书记"藏粮于技"重要指示精神的体现。二是可以明确现代农业工程设施产权归属的，要明确归属。对于公益性强的现代农业工程设施，可以通过签订长期的农地流转合同，降低实际经营者过度使用设施的短期行为，提高实际经营者对这类设施管护的积极性。三是将以奖代补、设施保险、农业担保三种手段叠加利用，提高现代农业工程设施的现代化程度、抗风险能力和金融价值。四是围绕现代农业工程设施外部性做文章，让现代农业工程设施服务三产融合。现代农业工程设施不仅仅可以用于生产，也可以用于支撑田园综合体、休闲农业、农村旅游的发展。很多现代农业工程设施的自动化程度高、科技含量多、栽培方法有趣、具有一定的科教价值，于是以现代农业工程设施为支撑，发展农业休闲旅游既是农村三产融合的手段，也是高效利用现代农业工程设施的途径。

采取补助和考核的双重手段促使涉农银行从事与现代农业工程设施相关的融资活动。当前大型涉农银行（农业银行、邮储银行、城市农商银行）没有受到涉农贷款业务比例的强制性约束，出现了明显的"有实力银行不想支农"的现象。小型农村银行（县区农商行、村镇银行、贷款公司和农村资金互助社）有将贷款资源在农业领域闭环运营的指导性约束，然而吸储成本高、业务风险大、经营利润薄，出现了"没实力银行必须支农"的现象。一方面，通过大型涉农银行将农村资金抽到城市，另一方面，等于把农村金融这个难题抛给了小型农村银行，这种局面如果不改变，农村金融要想发展升级，是十分困难的。因此可以对大型涉农银行采取约束性的涉农贷款任务，促使有实力的大型涉农银行承担一定风险，促进贷款资源流向农业农村领域。对小型农村银行，应当在继续执行贷款业务在涉农领域闭环运行的基础上，逐步对小型农村银行开放同业拆借市场，加大支农再贷款对小型农村银行的"注血"，降低小型农村银行的资金成本，提高小型涉农银行的利润空间。在解决了涉农银行的放贷动机问题之后，才可能围绕现代农业工程设施资产抵押做文章，并最终引导涉农银行发放设施抵押贷款。

将现代农业工程设施资产交易纳入农村产权交易市场体系。农村产权交易市场在资源配置方面有利于农村要素资源的配置，有利于农村资源的市场化配置，有利于农民财产性权利的实现。农村产权交易市场在农村金融方面，扮演着农业农村投融资创新的角色，吸引更多城乡资本进入农村产权市场，推动农村产权的抵押融资。一个成熟的农村产权交易市场，有利于实现农村产权的阳光交易，有利于推动农村党风廉政建设，有利于维护农民群众合法利益和农村的和谐稳定。当前农村产权交易市场的主要交易对象是各类农地经营权，未来应当在农村各类资产确权的基础上，逐步扩大农村产权交易市场的交易对象范围，将包括农村房屋、工厂建筑、现代农业工程设施等所有有交易潜力和需求的资产纳入交易范围，为包括现代农业工程设施在内的农业农村资产，构建交易、变现和定价的平台，进而活化农业农村的金融资源。在交易主体方面，农村产权交易市场应当逐步实现对交易主体的"无差别"对待，为农业农村发展引入包括工商资本在内的所有社会主体，解决当前农村产权交易市场不完全的局限。

建立多目标导向的基层干部考核激励机制。基层工作包括很多方面，为了更好地考核和激励基层干部，可以建立经济、政治、文化、社会、生态文明的多目标考核体系，将当地农村金融发展水平作为经济考核的一个指标，鼓励基层干部在农村金融发展中发挥组织、协调、推荐的作用。适当提高基层干部的激励薪酬，将激励薪酬与工作业绩考核相挂钩，并由各地纪检监察部门负责制定考核标准并监督考核过程。打通非体制内基层干部进入体制内的晋升机制，在农村社区化的进程中，逐步实现基层干部队伍的体制化、精干化、年轻化、知识化。

完善现代农业工程设施盘活的其他配套机制。比如以乡村振兴为导向，提高现代农业的规划建设水平，实现农业生产的集约化，提升现代农业的抗风险能力；利用农村确权的技术成果和实施经验，做好现代农业工程设施的确权登记；认真贯彻农业农村优先发展的战略，各级政府持续增加支农惠农支出，并与研究机构合作，评估支农资金使用效果，探索精准施策的办法；持续加大农业基础设施建设，为各类现代农业工程设施的建设提供路、水、电、网等条件，更好地发挥现代农业工程设施的功能；规范新型农业经营主体财务制度，发展新型融资模式，比如农业订单融资、应收账款融资、大型农业设备融资租赁等多种方法，活化农村金融体系；在农地流转领域，如果被抵押的经营权出现需要金融机构处置的情况，要充分利用市场机制，加快经营权"换手"的速度，从而最大限度保障转出土地农户的权益，必要时可以对转出土地农户的权益进行政策补偿。

总体而言，当前现代农业工程设施资产直接抵押融资仍然存在诸多障碍。这些障碍包括设施的资产质量、用地问题、产权归属等自身问题，也包括农业支持补贴方式、农村金融扶持力度、农村金融工具种类、基层干部的激励与管理等制度问题。尽管现代农业工程设施的盘活目前仍然有困难，但是从发展的眼光看，我国的农业现代化一定会实现，城乡二元结构最终会弥合，现代农业工程设施终究会发挥更大的作用，设施资产最终会成为有价值、有吸引力的农业农村抵押物。以上的研究更多是为现代农业工程设施资产盘活寻找一些解决路径，尝试提出有针对性的政策建议，希望有助于决策者认识现代农业工程设施的盘活问题，并在未来逐渐活化这些资产，弥补农村金融发展的短板，为我国的现代农业发展和城乡融合进程提供农村金融方面的一些建议。

6.5　本章小结

本章提出了现代农业工程设施资产的盘活路径与政策建议，对现代农业工程设施资产盘活路径有以下的规划设计：在未来三年到五年，改革政策资金扶持现代农业的方式，用奖补的模式取代投资的模式，在都市型现代农业地区先行先试，率先盘活这些地区的现代农业工程设施资产，通过信贷扶持政策和行业约束政策，"一拉一推"促进信贷资金流向现代农业；在未来五到十年，实现农业生产的集约化和设施化，扩大农村建设用地的流转范围，将增量支农惠农资金，重点投入现代农业发展，进一步活跃农村产权交易市场、加大对涉农银行的"推拉"措施；在未来十到二十年，发展现代农业，全面弥合城乡差距，持续有力地对现代农业进行补助和扶持，完善与现代农业工程设施资产盘活相配套的体制机制。

针对上述的现代农业工程设施资产盘活路径的合理性，进行了问卷设计并得到了受调查者的基本认同，以此从金融角度探讨现代农业工程设施资产的高效利用并提出对现代农业工程设施资产盘活的政策建议，主要包括提高对现代农业工程设施资产盘活的重视程度、将农村土地确权工作扩展到现代农业工程设施领域、对于现代农业发展实施精准和高效的政策支持、引导现代农业工程设施的高水平建设和高效利用。

第7章 现代农业工程设施对"三农" 其他问题产生的影响

现代农业工程设施在农业中的快速发展，也对"三农"领域的其他问题产生了影响，这种影响既包括农业经营形态、农村面貌、土地利用形态等"显性"方面的影响；也包括农业发展方式、农业资本的有机构成、农村产权关系、农业支持补贴政策等"隐性"方面的影响。

7.1 现代农业工程设施与农村土地管理

一般认为经济发展的四大基本要素是劳动、资本、土地和技术进步。在我国四十多年的改革开放进程中，劳动力红利长期支撑我国经济发展。随着我国进入老龄化社会，劳动力成本不断攀升，我国发展劳动密集型产业的比较优势正在显著下降（丁明磊等，2018）。资本曾经是我国比较匮乏的生产要素，但随着中国经济体量的增长，我国的资本积累水平正在不断提高，资本密集型行业的比较优势在不断上升（张涛，2019）。目前我国正加速对世界先进技术水平的追赶，技术进步对我国经济发展的推动作用正在显现（谢建国，2020）。与其他三类要素不同，土地要素的供给是有限的，不可能无限增长，不可能完全市场化运行，对土地利用进行调控是国际通行做法（Wenjing et al.，2020）。我国劳动、资本和技术进步的演化会影响土地利用的调控。现代农业对普通农业劳动力的依赖有所下降，使得现代农业出现工业化的特征（刘守英和王瑞民，2019），并且使用了越来越多的现代农业工程设施。因此需要跟踪研究现代农业工程设施发展的技术特点、经济规模和用地需求，从而制定出满足现代农业发展的土地利用调控政策。

现代农业工程设施之所以普遍存在用地不规范，从根本上讲是由于现代农业工程设施用地的技术经济特点和我国城乡二元土地制度之间的"摩擦"导致的。因此现代农业工程设施对城乡二元土地制度的改革探索也是一种"倒逼"，只有逐渐打破城乡二元土地制度，建立城乡统一的用地市场和管理体制，才是解决农业农村资产盘活问题的根本办法。在针对现代农业工程设施用地的土地利用具体调控中，应当根据各地的农业优势与禀赋，逐步推进设施用地管理的改革。根据 2018 年底整治清理"大棚房"行动，结合笔者的调查发现："一放就乱、一抓就死"的改革"顽疾"在现代农业工程设施用地领域同样存在，为此笔者提出分阶段的实施现代农业工程设施用地调控。当前第一阶段管理的关键是守住"农业用途"和"少破坏耕作层"；未来三到五年除了继续坚持当前的原则，可以依托现代农业工程设施，适当为三产融合和休闲农业提供一些建设用地指标；在长远中，通过建立城乡统一的建设用地市场，实现土地这种稀缺资源的高效使用。

7.2　现代农业工程设施与农村集体资产

农村集体资产清产核资和经营性资产股份合作制改革是农村集体产权制度改革向纵深发展的两大重点任务。目前村集体资产包括经营性资产和非经营性资产，这种划分是从产权主体和资产特征角度进行的分类，现代农业工程设施资产则是从资产用途进行的划分。在当前对农村集体资产界定体系中，一部分现代农业工程设施资产属于农村集体经营性资产，一部分属于农村集体非经营性资产，还有一部分属于新型经营主体和农户所有的资产，也就是说，现代农业工程设施资产与农村集体资产存在交叉和重叠。比如集体经济组织所有的房屋建筑物、构筑物、机器设备、作业工具、器具和农业基本建设设施等固定资产中就可能包含现代农业工程设施资产。国家无偿资助和对农村集体经济组织及其所属企业减免税收形成的资产及其增值部分也可能包含现代农业工程设施资产。集体经济组织投资、投工兴建的生产性（水利、电力等）设施等农村非经营性资产亦有可能包含现代农业工程设施资产。图 7-1 描述了农村集体资产与现代农业工程设施资产的包含关系。

当前农村集体资产改革的重点是要建立产权关系更加明晰、农业经济与市场竞争更匹配以及社区公共服务更有利于农村长远发展的基层社会经济组织系统。然后在这个前提下，各地再根据自己的实际情况来选择不同的改革路径。有两种路径：一是保障农民集体经济组织成员权利；二是积极发展农民股份合作。在这样的背景下，一部分现代农业工程设施也会进入农村集体资产改革进

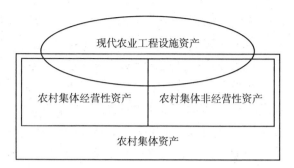

图 7 - 1　农村集体资产与现代农业工程设施资产的关系

程中。从笔者调研的情况看，在农村集体资产的改革中，资产盘活情况不理想是一个普遍情况。以安徽省金寨县为例，该县多数村集体经济薄弱，村集体资产收益较少，分红的资金量不大。2018 年全县分红资金 1399.37 万元，人均仅 23.34 元，2019 年暂时因村级集体经济收入较少，还没有开展分红工作。为了防止出现集体资产的"公地悲剧"，笔者认为对于现代农业工程设施，能将其产权划给经营主体的应当尽量划给经营主体，对具有非经营性且无法划给具体经营主体的，也应当采取承租等模式，明确使用者的权利和责任。总体而言，一方面，要摸清家底，管理好农村集体资产，另一方面，不能"过犹不及"，要保护和支持农村民营经济的发展，尽量使个人或者民营企业所有并运营现代农业工程设施资产，减少委托代理成本，提高资产经营效率。

7.3　现代农业工程设施与农业基本经营制度

家庭承包经营为基础、统分结合的双层经营体制源起于 20 世纪 80 年代，至今仍然是我国农业经营的基本制度。然而目前这种农业经营制度设计已然不能完全涵盖我国现代农业发展的特征。具体表现在以下四个方面。

一是原有的"统"已经弱化。首先，农村集体经济组织的"松散化"使得集体统一经营逐渐乏力。所谓的集体统一经营，主要分为农田基本建设和统筹安排农业生产这两块，但是实际上这些工作由不得、也不需要村集体来安排。农田基本建设很多都是农业部、国土局、发改委等部门的大项目，村集体的主要职责仅仅是配合。有的新型农业经营主体经营的面积很大，动辄上千亩，其统筹安排农业生产的能力比村集体强。也就是说当前农村集体经济组织已经丧失了对农业实际生产的统领作用，"统"的层面已经虚无化。

　　二是原有"分"的层面正在嬗变。首先，尽管我国农业的家庭分散经营仍将长期存在，但是农业不再是很多农户收入的主要来源。其次，农户家庭的新一代劳动力普遍不愿意以原有方式继续从事农业经营。农民工返乡创业也不再是以过去的形式从事农业的分散经营。最后，集体的"统"和农户的"分"的部分功能正在融合。惠农支农、反哺"三农"使得村集体和农户在获取扶助资金和补贴时成为利益共同体。村集体负责的农地确权、承包地微调和农户信息统计等工作，与农业补贴息息相关（冯锋等，2009）。"分"这个层面的活动实际上已经演化成对惠农利益和农业生产的分享及参与。

　　三是"营"的层面正在形成。首先，新型农业经营主体逐渐在农业实际生产中扮演主导角色。以安徽省为例，截至 2018 年 6 月底，安徽省土地流转面积 4541.62 万亩，其中耕地 3669.70 万亩，约占全省耕地总面积的 45.5%。① 由此可以推断新型农业经营主体已经成为安徽农业实际生产的主力军之一。其次，新型农业经营主体实际上承担了过去由"统"层面承担的农业经营。按照双层经营体制，集体经济组织需完成那些不适合农户承包经营的生产项目和经济活动，诸如某些大型农机具的管理使用，大规模的农田基本建设活动，植保、防疫、制种、配种以及各种产前、产后的农业社会化服务，某些工副业生产等。由此形成集体统一经营和统一管理，从而建立起一个统一经营层次，然而随着新型农业经营主体经营的规模化、集约化和专业化程度的提高，除了大规模农田基本建设活动，植保、防疫、制种、配种以及各种产前、产后的农业社会化服务，以及工副业生产实际已经由新型农业经营主体自主完成。

　　四是新的"统"正在产生。所谓新的"统"指的是从中央到地方对农业经营的统一规划、管理、支持显著增加。首先是全面深化农村改革提升了从中央政府到地方政府对农业经营的责任。全面深化农村改革中的粮食安全、支持保护、可持续发展、土地制度、新型农业经营体系、农村金融制度等几大议题，蕴含了中央政府对农业经营层面的统一部署，也做实了地方政府在规划、管理、支持农业经营中的责任。其次是强农惠农政策的不断落实，使得政府尤其是县乡政府实际参与了农业经营，承担了原来由集体承担的一部分"统"的责任。根据在安徽省亳州市谯城区一处育苗基地的走访了解到，该育苗基地中价值几百万元的大型农业育苗工程设施是由现代农业示范区建设资金、农业部园艺作物标准园建设资金、县级配套资金和新型农业经营主体自有资金共同投资完成，而对于项目形成的国有固定资产主要通过折旧进入新型农业经营主

---

① 《安徽耕地流转超 2800 万亩》，http：//www. ah. xinhuanet. com/2015 - 12/08/c_1117385833. htm.

体未来的现金流中。这种现象表明政府在实际参与农业经营。最后是农村基础设施建设投入力度的不断增强。我国农村基础设施和农田基本建设历史欠账多，生产能力亟待提升，仅仅依靠村集体的"统"，由村集体承担农田基本建设是远远不够的。在实际操作中加大农村基础设施建设，提高农业综合生产能力的主要力量是中央、部委和地方各级政府。据了解在农田基本建设这一块，有包括发展改革委、国土资源部、水利部、农业部等多个部门及地方管理部门参与规划、投入、建设和评估。在农业基本建设的规划设计方面，大多是由农业工程设计企业完成。"部委出钱、地方配套、企业设计、集体配合、农户参与"是当前农村基础设施建设实际的操作模式。在这种模式中，政府"统"的作用越来越明显、集体多仅承担配合层面的工作。在随同安徽省农业工程设计院前往金寨县梅山镇的调研中发现，当地的农村基础设施建设欠账很多，但集体没有财力、物力和事权组织基础设施建设，只有等待上级政府投入资金。农村基础设施建设水平的决定因素已经变成政府的投入水平，集体的作用日渐微弱。不过在调研中也发现了一个问题，由于上级农业项目资金管理、审计不灵活，很多农业项目在地方上遇冷，如安徽省滁州市全椒县一位基层干部表示，我们不想申请中央和省里的农业项目，管得过死，即便做，也难以达到要求，农业尤其是农民的情况和项目的要求不一致。

由此可见，在农业发展的新常态和农村发展的新战略背景下，农业技术经济变革需求和"三农"发展顶层设计同时作用于双层经营体制，使其逐渐解体并呈现出新的特点和新的形式，这种新特点、新形势概括起来就是四句话：集体的统一经营功能转移至政府和新型农业经营主体；家庭分散经营功能嬗变为对惠农政策的分配以及参与现代农业的发展；新型农业经营主体逐渐成为能够自主统筹安排农业生产的主力军；从中央到地方对农业经营的统一规划、管理、支持甚至是直接参与提升了原有"统"的层次。

对于现代农业工程设施而言，政府主导的现代农业工程设施体现了政府的统筹支持，政企共建的现代农业工程设施体现了新型农业经营主体规模经营和现代化经营的能力，企业主导的现代农业工程设施则体现了新型农业经营主体自主统筹安排农业生产的能力。现代农业工程设施在当前的农业经营体制中起到了跨越原有集体的统一经营和家庭的分散经营的桥梁作用。新型农业经营主体对现代农业工程设施的运营逐步减少了我国农业对家庭经营的依赖，使得家庭的分散经营不再是我国农业经营体制的全部基础。因此在我国当前的农业经营体制改革中，要重视新型农业经营主体和现代农业工程设施的作用。

7.4　现代农业工程设施与农地经营权

　　我国农村人口众多，人均农业用地资源稀缺，而现代农业工程设施的经营属于集约式、现代化的经营，这就不可避免地涉及农地经营权流转，使得现代农业工程设施与农地经营权产生管理上的交集。在笔者调研中发现，具有公益性质的政府主导型现代农业工程设施虽然在产权上存在一定的模糊，但是可以通过明确现代农业工程设施的使用权，减少利益纠葛。

　　首先政府主导型现代农业工程设施用地分散，多在田间地头，产权多归集体所有。在实践中，虽然倡导吸引多主体投资农村基础设施，但由于农业的相对效益较低，政府财政投资仍是这类公益性质的设施的主要投资方式。按照"谁投资、谁拥有"的原则以及设施所占用土地的性质，公益性质的现代农业工程设施为国家所有和集体所有。其次，这类公益性设施的运维成本较高，"谁受益、谁负担"的原则使得农户和新型农业经营主体在这类公益性设施的使用中，可能出现过度使用、短期效应等"公地悲剧"问题。最后，由政府财政投资建设的公益性现代农业工程设施由国家和集体所有，由实际受益者运维，从而形成这类设施产权的"撕裂"，具体表现在设施所有权、土地使用权、经营收益权的分离，这种现象在以小农水利设施为代表的公益性现代农业工程设施中是一个长期存在的问题（杜威漩，2015）。

　　科学运维公益性质的现代农业工程设施，使得设施发挥最大的效益并得到良好的养护，需要对这类设施的产权治理采取更优化的办法。笔者通过调研和分析，针对公益性质的现代农业工程设施提出"非经营性确权、延长使用权期限、落实养护责任"的产权治理模式。所谓非经营性确权，是指这类设施资产在确权时，尽量作为非经营性资产确权，一方面，明确产权价值，另一方面，避免村集体对这类设施资产的分红诉求，从而使得这类设施在所有权明确的同时，与村集体尽量不产生利益纠葛。所谓延长使用权期限，是指将这类设施融入成规模的农地经营权中，并且尽量与土地流入方签订较长时间的经营权流转合同，将这类设施对农业产出提升的效益由土地流入方所得。所谓落实养护责任是指通过将此类设施与土地经营权打包长期流转，使得土地流入方自然地愿意养护这类农业设施，同时也要在流转合同中明确土地流入方的养护责任。通过这种设计，期望将"谁投资，谁拥有"和"谁受益，谁负担"的模式简化为"谁受益，谁负责"的模式。在这种模式中，资产确权归集体，流转收益归农户，经营收益和养护责任归大户，从而降低此类设施出现"公地悲剧"的可能。

7.5 现代农业工程设施与农业支持保护补贴政策

从 2004 年起，我国全面取消了农业税，开启了"以工促农、以城带乡"的新时期。自此之后中央对"三农"采取了"多予、少取、放活"的方针，实施了包括保护价收购和目标价格制度在内的补贴手段。稳定和支持主要作物的生长，是农业支持保护政策的核心目标，而根据前述文件精神，增量补贴将会向现代农业的其他方向拓展，而设施农业就是其中的方向。例如 2018 年，农业部、财政部印发了《2018—2020 年农机购置补贴实施指导意见》，该政策一方面继续加大了对农机购置的补贴力度，另一方面也扩大了补贴范围，设施农业中的温室大棚设备首次被纳入补贴范围，所以说 2018 年是国家层面的设施农业补贴支持的"元年"。

在 WTO 框架下，我国的黄箱补贴政策（主要指会扭曲国际贸易的价格支持补贴）是受到限制的，黄箱综合支持量（AMS）不应超过 8.5%。未来在增量农业补贴支持现代农业的发展中，可以以现代农业工程设施为依托，逐步推广设施农业补贴以提高补贴的精准性和对农业实际生产的支持。具体可以采取设施农业保险补贴、政策性担保体系建设、以奖代补、农业基础设施建设财政投入、税费减免、贷款贴息、支农再贷款等绿箱措施。与此同时，还需要保留原有的耕地地力保护补贴水平基本不变，以维持财政支持政策的帕累托改进，避免原有收益农户的权益减少，保证播种面积的稳定和农村社会的和谐。

7.6 现代农业工程设施与脱贫攻坚

脱贫攻坚是我国的重大工程。"产业扶贫带动一批"是造血式扶贫的重要手段。笔者调研发现，不少现代农业园区也整合了扶贫资金，现代农业工程设施资产成为了带动贫困人口就业的载体。从现代农业工程设施的资本有机构成看，其发展可以分为两个方向，一是资本密集加技术密集型，也就是在采用农业高科技的基础上，用资本替代农业劳动力；二是劳动密集加技术密集型，也就是说用部分劳动替代资本。全球现代农业发展的标杆地区多采用资本密集加技术密集型的设施农业，这是由于大多发达农业国家劳动力价格过高所导致的。而在我国，小农户仍然是农业生产力量的重要组成，将小农户"卷入"现代农业发展依旧是解决农民就业、带动农民增收、帮助农村贫困人口脱贫的重要途径。因此对于涉及产品扶贫的现代农业发展项目，应当在设计时就充分考虑到现代农业工程设施对农村劳动力吸纳的能力，为吸纳农村劳动力留足空间，不能一味追求自动化。

在通过设施农业带动贫困人口就业的模式中，可以采用就业加创业的模式。在初期通过设施农业吸纳农村劳动就业，使贫困户可以获得工资性收入，如果设施农业就建设在贫困户的农地上，贫困户还可以获得土地租金或分红；在设施发展相对成熟后，要加大对贫困户的技术指导，使他们从普通劳动力向设施农业工人转型；在贫困户充分掌握技能之后，还可以通过扶贫项目，让贫困户从工人转型为业主，成为职业农民，成为新型农业经营主体。在这个过程中，合作社可以扮演很重要的中介作用，合作社对上可以承接扶贫项目，拓展销售空间，对下可以带动小农户、贫困户，扶持他们成长，从而实现现代农业工程设施经营层面的盘活。

在通过现代农业工程设施带动贫困户的过程中，从资产管理视角应当注意以下几点：第一，对没有完全掌握技术的贫困户，带动措施要以发放工资和分红为主，这个阶段不宜将现代农业工程设施资产交给贫困户，以免因使用不当造成设施效益的下降；第二，通过扶贫资金建设的现代农业工程设施，也要做到产权清晰，尽量将经营权长期交由新型农业经营主体经营而不是村集体；第三，要把握好集体经营性资产认定的范围，对于可以确权到经营主体个人的资产，尽量确权到个人，而不是确权为集体资产，从而提高现代农业工程设施的使用效益；第四，对使用扶贫资金的现代农业工程设施，在最后的产权归属上也要做到"不吝惜"和"清晰化"，让这类设施资产最终归于经营主体，做到"有的放矢"。

7.7 本章小结

本章分析了现代农业工程设施对"三农"领域其他问题产生的影响，在土地管理中，现代农业工程设施普遍存在用地不规范现象，从根本上讲是由于现代农业工程设施用地的技术经济特点和我国城乡二元土地制度之间的"摩擦"导致的。因此，逐渐打破城乡二元土地制度，建立城乡统一的用地市场和管理体制，逐步推进设施用地管理的改革，是解决农业农村资产盘活问题的根本办法。现代农业工程设施资产与农村集体资产存在交叉和重叠，因此要摸清家底，使产权关系更加明晰，管理好农村集体资产，提高资产经营效率。

在农业基本经营制度上，家庭承包经营为基础、统分结合的双层经营体制是我国农业经营的基本制度。然而目前这种农业经营制度设计已然不能完全涵盖我国现代农业发展的特征，因此，在农村经营体制改革中，集体的统一经营功能转移至政府和新型农业经营主体；家庭分散经营功能嬗变为对惠农政策的分配以及参与现代农业的发展；新型农业经营主体逐渐成为能够自主统筹安排农业生产的主力军；从中央到地方对农业经营的统一规划、管理、支持甚至是直接参与提升了原有"统"的层次。具有公益性质的政府主导型现代农业工程设施可以通过明确运维主体落实现代农业工程设施使用权，减少利益纠葛。

结　语

我国现代农业工程设施发展的前景广阔，将对农业现代化进程起到重要的支撑作用，现代农业工程设施资产无论是在体量还是质量上都会不断发展，由此形成的优质农村金融资产亟待有效盘活。为了破除现代农业工程设施资产盘活的梗阻，笔者从现状分析和痛点把脉出发，研究了各相关主体的利益关系，推演了理论模式，对比了实践做法，提出了盘活路径，并提出了政策建议。

笔者在本书初稿完成后讨论了研究存在的不足，认为问卷分析是本书的短板，一是问卷的样本量应该更大一些；二是对问卷的内容挖掘得不够，缺乏动态分析和计量研究；三是每一类问卷的数量有些不足。尽管笔者尽力寻找合适的访谈对象，发放了近700份各类问卷，但是在问卷的特征和选项之间的因果关系方面仍有待深挖，这是未来研究需要加强和改进的。

笔者将继续研究现代农业工程设施资产的相关问题，对过去调研的对象进行追踪，把握现代农业工程设施资产的新变化、新现象，力争提出更有应用价值的政策建议。此外，在研究中发现，发展城乡融合的农村产权交易市场是解决农村资产"沉淀"的根本动力之一，这个市场的发展涉及新型城镇化的策略和农民权益的处置。因此，未来笔者将基于现代农业工程设施资产研究的过程和成果，关注农民权益与新型城镇化。

附　　录

问卷一　现代农业工程设施业主的调查问卷

问卷编号：_____

您好！我们是＊＊大学的研究人员，利用该问卷进行调查研究，调查结果将用于社会经济研究，为政府相关部门决策提供参考。问卷不会记录您的姓名，所回答的问题也将为您保密，所以，请您认真阅读问卷并如实回答问题，使我们的研究建立在真实可靠的基础上。感谢您的支持和帮助！所有问题除了在题中标注是多选之外，均是单选题。

地　址：_____ 县（市）_____ 乡镇

_____村

调查日期：____年____月____日

一、基本信息

1. 您的性别：①男　②女

2. 您的年龄：_____岁

3. 您的受教育程度：①小学以下　②初中　③高中/技校/中专

④大专　⑤本科及以上

4. 2018 年您的家庭年收入：_____万元

5. 您的婚姻状况：①单身　②已婚

6. 家庭人口数目：_____人

二、关于设施农业的基本情况

7. 设施农业经营是否是您家庭的收入主要来源：

①是　②否

8. 您流转了多少亩地：

①1～10 亩　②10～30 亩　③30～50 亩　④50～100 亩　⑤100 亩以上

9. 您流转土地平均流转费用是多少？

①200～400 元　②400～600 元　③600～800 元　④800～1000 元

⑤1000 元以上

10. 您的设施农业目前长期雇工人数是：

①5 人以下　②5～10 人　③10～20 人　④20～50 人　⑤50 人以上

11. 您的设施农业目前是否需要短期雇工：

①是（如果选择请选择第 12 题）　②否（如果选择请跳到第 14 题）

12. 通常您最多雇佣多少临时员工，如果上一题选"否"，请忽略该题：

①5 人以下　②5～10 人　③10～20 人　④20～50 人　⑤50 人以上

13. 临时雇工的日工资水平是多少？

①50～100 元　②100～200 元　③200～300 元　④300～500 元

⑤500 元以上

14. 您的设施农业主要的经营对象是（可多选）：

①育苗　②蔬菜　③园艺　④菌菇　⑤畜禽

⑥冷库烘干等配套设施　⑦小农水利设施

⑧其他：＿＿＿＿＿＿＿（如有请填写）

15. 如果把农业设施分为不同技术水平，您觉得您的农业设施处于哪一层次？

①下层　②中下层　③中层　④中上层　⑤上层

16. 您认为您设施农业的经营状况如何？

①非常艰难　②艰难　③一般　④良好　⑤很好

三、关于设施农业资产的情况

17. 您经营的设施农业总资产处在哪个区间：

①10 万～30 万元　②30 万～80 万元　③80 万～150 万元

④150 万～300 万元　⑤300 万元及以上

18. 您经营的设施农业资产中政府补助的比例有多少：

①10% 以内　②10%～20%　③20%～30%　④30%～40%　⑤40% 以上

19. 您的目前的设施农业资产经营了多长时间了？

①不到一年　②1～3 年　③3～5 年　④5～10 年　⑤10 年以上

20. 您希望扩大您的设施农业投资吗？

①不希望　②不太希望　③比较希望　④很希望　⑤非常希望

21. 您的设施农业资产占您企业的总资产的百分比属于哪个区间？

①10% 以内　②10%～30%　③30%～50%　④50%～70%　⑤70% 以上

四、关于设施农业资产土地的使用情况

22. 您经营的设施农业用地属于哪种类型？

①耕地　②林地　③荒地　④建设用地　⑤宅基地　⑥自留地

23. 您经营的设施农业有正规的土地证吗？

①有　②没有

24. 如果 20 题选择"有"，请您选择您的设施农业土地证是哪种类型的？如果 20 题选"没有"，请跳过 21 题。

①国有土地使用权证　②集体经营建设性用地使用权证

③地方政府印发的农地经营权证　④其他_____（如有请填写）

25. 您的设施农业占地为多少亩？

①1～10 亩　②10～30 亩　③30～50 亩　④150～100 亩　⑤100 亩以上

26. 您的设施农业中包含农家乐等旅游休闲项目的比例为多少？

①没有　②10% 以内　③10%～20%　④20%～30%　⑤30% 以上

27. 您的设施农业在用地方面是否与地方主管部门发生过冲突？

①有　②没有

四、关于设施农业业主融资的问题

28. 您的公司获得过多少金融机构贷款？

①没有获得过贷款　②0～30 万元　③30 万～100 万元

④100 万～300 万元　⑤300 万元及以上

29. 您获得的贷款种类是哪些？（多选）

①信用贷款　②担保贷款　③抵押贷款

④质押贷款　⑤票据贴现　⑥扶贫贷款

⑦其他贷款_____

30. 您获得的贷款的机构是哪些？（多选）

①商业银行　②村镇银行　③资金互助社　④资产管理公司

⑥小额贷款公司　⑦互联网贷款（如蚂蚁借呗）

31. 您的公司目前对融资的迫切程度如何？

①不迫切　②一般　③比较迫切　④迫切　⑤非常迫切

32. 您认为现代农业经营者存在融资难融资贵的问题吗？

①不存在　②一般　③相对存在　④存在　⑤严重存在

五、关于设施农业资产融资的问题

33. 请问您有没有通过设施农业资产抵押获得贷款？

①有　②没有

34. 如果第 30 题选择"有",请您选择您通过设施抵押获得了多少贷款?如果 30 题选"没有",请跳过第 31 题和第 32 题。

①0 ~ 10 万元　②10 万 ~ 20 万元　③20 万 ~ 50 万元　④50 万 ~ 100 万元　⑤100 万元及以上

35. 您觉得设施农业资产抵押获得贷款的额度占您设施农业资产的比重为多少?

①10% 以内　②10% ~ 20%　③20% ~ 30%　④30% ~ 50%　⑤50% 以上

36. 您是否知道有其他业主的农业设施被抵押融资?

①有听说　②没有听说

37. 您觉得设施农业资产抵押中存在的主要问题有哪些?

①无土地证　②银行不愿意贷款　③设施农业折旧快

④设施农业含有政府投资　⑤设施农业难以交易变现

⑥设施农业的总价值不高　⑦其他_____（如有请填写）

38. 您认为如果将流转到手的农地经营权进行抵押,原承包户会不会反对?

①不会反对　②无所谓　③可能会反对　④反对　⑤非常反对

六、设施农业的盘活方案

39. 请您对以下方案的可行性进行评价

	①完全赞同	②比较赞同	③一般	④不赞同	⑤完全不赞同
以奖代补发展高标准设施农业					
在大都市周边试点设施抵押融资					
加大对新型村金融机构的扶持					
地方政府发放设施经营权证					
健全农业产权交易市场					
对设施进行政策性担保和农业保险					
基层干部体制化并增加绩效工资					
设施的国有产权部分让渡给业主					

问卷二　现代农业工程设施相关农户的调查问卷

问卷编号：_____

您好！我们是 ** 大学的研究人员，利用该问卷进行调查研究，调查结果将用于社会经济研究，为政府相关部门决策提供参考。问卷不会记录您的姓名，所回答的问题也将为您保密，所以，请您认真阅读问卷并如实回答问题，使我们的研究建立在真实可靠的基础上。感谢您的支持和帮助！所有问题除了在题中标注是多选之外，均是单选题。

地　址：_____ 县 （市） _____ 乡镇
_____村

调查日期：____年____月____日

一、基本信息

1. 您的性别：①男　②女

2. 您的年龄：_____岁

3. 您的受教育程度：①小学以下　②初中　③高中/技校/中专　④大专
⑤本科及以上

4. 2018 年您的家庭年收入：_____万元

5. 您的婚姻状况：①单身　②已婚

6. 家庭人口数目：_____人

二、关于参与设施农业经营的基本情况

7. 参与设施农业的相关劳动是否是您家庭的收入主要来源：
①是　②否

8. 您是每年在设施农业中工作多长时间：
①1 个月以内　②1 ~ 3 个月　③3 ~ 5 个月　④5 ~ 8 个月　⑤8 ~ 12 个月

9. 您在设施农业工作时每个月能获得多少工资性收入：
①500 元以下　②500 ~ 1000 元　③1000 ~ 1500 元　④1500 ~ 3000 元
⑤3000 元及以上

10. 您所在的设施农业目前长期雇工人数是：
①5 人以下　②5 ~ 10 人　③10 ~ 20 人　④20 ~ 50 人　⑤50 人以上

11. 您工作的设施农业主要经营对象是（可多选）：
①育苗　②蔬菜　③园艺　④菌菇　⑤畜禽　⑥冷库烘干等配套设施
⑦小农水利设施　⑧其他：_____　（如有请填写）

12. 您是否把自己的承包土地流转给了您现在工作的设施农业业主？

①是　②否

13. 您家的承包地流转收入每亩多少钱？

①200～400元　②400～600元　③600～800元　④800～1000元

⑤1000元以上

14. 您觉得您在设施农业中劳动的强度大不大？

①非常累　②比较累　③一般　④轻松　⑤非常轻松

15. 您对您在设施农业中工作的收入是否满意？

①非常不满意　②不满意　③一般　④比较满意　⑤非常满意

16. 如果您的承包地被他人流转去之后，您是否介意他人用您承包地的经营权去抵押贷款？

①非常介意　②介意　③有些介意　④不介意　⑤完全无所谓

17. 从您的角度看，您认为您老板（设施农业业主）的经营状况如何？

①非常艰难　②艰难　③有些困难　④良好　⑤很好

18. 请您对以下方案的可行性进行评价

	①完全赞同	②比较赞同	③一般	④不赞同	⑤完全不赞同
以奖代补发展高标准设施农业					
在大都市周边试点设施抵押融资					
加大对新型村金融机构的扶持					
地方政府发放设施经营权证					
健全农业产权交易市场					
对设施进行政策性担保和农业保险					
基层干部体制化并增加绩效工资					
设施的国有产权部分让渡给业主					

问卷三　干部的调查问卷

问卷编号：＿＿＿＿＿＿

您好！我们是＊＊大学的研究人员，利用该问卷进行调查研究，调查结果将用于社会经济研究，为政府相关部门决策提供参考。问卷不会记录您的姓名，所回答的问题也将为您保密，所以，请您认真阅读问卷并如实回答问题，使我们的研究建立在真实可靠的基础上。感谢您的支持和帮助！所有问题除了在题中标注是多选之外，均是单选题。

地　址：_____ 县（市）_____ 乡镇

_____村

调查日期：____年____月____日

一、基本信息

1. 您的性别：①男　②女

2. 您的年龄：_____岁

3. 您的受教育程度：①小学以下　②初中　③高中/技校/中专　④大专

⑤本科及以上

4. 2018 年您的家庭年收入：_____万元

5. 您的婚姻状况：①单身　②已婚

6. 家庭人口数目：_____人

7. 您的政治面貌：①中共党员　②中共预备党员　③共青团员

④民主党派　⑤群众

8. 您所在的单位性质：①部委　②省级部门　③市级部门　④县级部门

⑤乡镇　⑥村或社区

二、关于支农惠农工作的基本情况

9. 您所在地区是否有设施农业等现代农业：

①是　②否

10. 如果有这些设施农业是否有政府奖补：

①是　②否

11. 如果设施农业有奖补，那么奖补金额一般有多少？

①1 万元以下　②1 万 ~ 5 万元　③5 万 ~ 20 万元　④20 万 ~ 50 万元

⑤50 万元以上

12. 从您的角度看，您认为您所在地区设施农业业主的经营状况如何？

①非常艰难　②艰难　③有些困难　④良好　⑤很好

13. 您所在地区的设施农业业主的主要融资模式是（多选）：

①抵押贷款　②信用贷款　③股权融资　④风险投资　⑤互联网贷款

14. 您认为在近期通过设施农业抵押融资的可能性大不大？

①非常小　②小　③比较小　④存在可能　⑤可能性较大

15. 您认为设施农业难以抵押融资的主要原因是什么？（多选）

①没有土地证　②没有产权证　③资产规模小　④难以变现

⑤资产折旧快　⑥对涉农金融机构激励机制不健全

⑦其他＿＿＿＿＿＿（如有请填写）

16. 您认为各个部门对设施农业用地的政策是否存在冲突？

①是　②否

17. 您认为设施农业用地目前的主要问题是什么？（多选）

①建设用地指标过于紧张　②土地使用的灵活性不足

③宅基地闲置问题造成土地资源浪费　④土地流转成本过高

⑤鼓励设施农业发展的用地政策没有落实

⑥设施农业业主没有遵守相关制度　⑦其他：＿＿＿＿＿＿（如有请填写）

18. 请您对以下方案的可行性进行评价

	①完全赞同	②比较赞同	③一般	④不赞同	⑤完全不赞同
以奖代补发展高标准设施农业					
在大都市周边试点设施抵押融资					
加大对新型村金融机构的扶持					
地方政府发放设施经营权证					
健全农业产权交易市场					
对设施进行政策性担保和农业保险					
基层干部体制化并增加绩效工资					
设施的国有产权部分让渡给业主					

问卷四　涉农金融机构的调查问卷

问卷编号：＿＿＿＿＿＿

您好！我们是**大学的研究人员，利用该问卷进行调查研究，调查结果将用于社会经济研究，为政府相关部门决策提供参考。问卷不会记录您的姓名，所回答的问题也将为您保密，所以，请您认真阅读问卷并如实回答问题，使我们的研究建立在真实可靠的基础上。感谢您的支持和帮助！所有问题除了在题中标注是多选之外，均是单选题。

地址：＿＿＿＿＿＿＿＿＿县（市）＿＿＿＿＿＿＿＿＿乡镇

＿＿＿＿＿＿＿＿村

调查日期：＿＿年＿＿月＿＿日

一、基本信息

1. 您的性别：①男　②女

2. 您的年龄：＿＿＿＿＿＿岁

3. 您的受教育程度：①小学以下　②初中　③高中/技校/中专　④大专
⑤本科及以上

4. 2018 年您的家庭年收入：＿＿＿＿＿＿万元

5. 您的婚姻状况：①单身　②已婚

6. 家庭人口数目：＿＿＿＿＿＿人

7. 您所在金融机构的性质：

①国有控股商业银行　②政策性银行　③股份制商业银行　④邮储银行

⑤城市商业银行　⑥农商银行

⑦新型农村金融机构即村镇银行、贷款公司或资金互助社

⑧典当行

8. 金融机构的级别：

①总行　②分行　③支行　④分理处

9. 您的政治面貌：①中共党员　②中共预备党员　③共青团员

④民主党派　⑤群众

二、关于涉农贷款的情况

10. 贵行小额贷款最主要的服务对象是：

①中小微企业　②涉农企业　③普通农户　④普通市民

⑤其他＿＿＿＿＿（如有请填写）

11. 贵行从事涉农贷款的主要障碍是？（多选）

①路途遥远　②缺乏抵押、担保物　③利润低　④需求不足

⑤违约率高　⑥管理层次多，导致贷款审批速度慢、成本高

⑦难以批量化运作　⑧其他＿＿＿＿＿

12. 贵行从事涉农贷款时，存在的主要困难是？（多选）

①违约率高　②缺乏抵押物　③可贷资金紧张　④缺乏专业人才

⑤经营成本高，利润低　⑥内控制度不健全　⑦较难跟踪所贷款项的使用

⑧涉农业务风险大　⑨涉农主体会计财务制度不健全　⑩其他＿＿＿＿＿

13. 您认为涉农小额贷款经营过程中需要哪些政府支持措施？（多选）

①支农再贷款支持　②专业的监管　③放松管制　④给予税收优惠

⑤给予政策性担保　⑥给予利息补贴　⑦其他＿＿＿＿＿

14. 贵行有没有接收过农业设施作为抵押物发放贷款？

①有　②没有

如果选择"有"，农业设施抵押贷款时如何操作的？

15. 您了解所在地区的设施农业业主的主要融资模式是（多选）：

①抵押贷款　②信用贷款　③股权融资　④风险投资　⑤互联网贷款

16. 从您的角度看，您认为您所在地区设施农业业主的经营状况如何？

①非常艰难　②艰难　③一般　④良好　⑤很好

17. 您认为在近期通过农业设施抵押融资的可能性大不大？

①非常小　②小　③一般　④存在可能　⑤可能性较大

18. 您认为设施农业难以抵押融资的主要原因是什么？（多选）

①没有土地证　②没有产权证　③资产规模小　④难以变现

⑤资产折旧快　⑥对涉农金融机构激励机制不健全

⑦其他_____（如有请填写）

19. 请您对以下方案的可行性进行评价

方案	①完全赞同	②比较赞同	③一般	④不赞同	⑤完全不赞同
以奖代补发展高标准设施农业					
在大都市周边试点设施抵押融资					
加大对新型村金融机构的扶持					
地方政府发放设施经营权证					
健全农业产权交易市场					
对设施进行政策性担保和农业保险					
基层干部体制化并增加绩效工资					
设施的国有产权部分让渡给业主					

参 考 文 献

[1] 陈文胜. 发挥小农户作为乡村振兴的最大主体作用 [J]. 团结, 2019 (2): 53-54.

[2] 陈旭, 张国春. 对金融支持设施农业发展情况的调查与思考——以宁城县为例 [J]. 北方金融, 2016 (12): 94-98.

[3] 丁明磊, 陈宝明, 胡志坚. 我国单位劳动成本的比较优势和竞争力 [J]. 科技中国, 2018 (6): 1-3.

[4] 杜威漩. 农地产权制度变迁对小农水治理的引致效应分析 [J]. 农林经济管理学报, 2015, 14 (5): 453-459.

[5] 杜宇能, 宋淑芳. 盘活现代农业工程设施资产的思路与路径 [J]. 山东社会科学, 2016 (1): 161-166.

[6] 杜宇能, 徐友谅, 张雷勇. 现代农业工程设施资产抵押贷款困境研究 [J]. 东北农业大学学报 (社会科学版), 2018, 16 (6): 9-14.

[7] 杜宇能, 潘驰宇, 宋淑芳. 中国分地区农业现代化发展程度评价——基于各省份农业统计数据 [J]. 农业技术经济, 2018 (3): 79-89.

[8] 范秀红. 农村金融信贷抵押物的法律分析 [J]. 河北金融, 2014 (7): 59-62.

[9] 冯锋, 杜加, 高牟. 基于土地流转市场的农业补贴政策研究 [J]. 农业经济问题, 2009, 30 (7): 22-25.

[10] 福建省农委, 我省对五种设施农业大棚进行补贴 [J]. 福建农业, 2014 (2): 8.

[11] 耿帅, 冯婷婷. 寿光农村贷款抵押物创新改革 [J]. 银行家, 2011 (7): 116-118.

[12] 耿仲钟. 我国农业支持保护补贴政策效果研究 [D]. 北京: 中国农业大学, 2018.

[13] 胡佛·埃, 李仁贵. 区域发展的若干新老问题 [J]. 经济译文, 1990 (6): 52-57.

[14] 黄砺, 谭荣. 中国农地产权是有意的制度模糊吗? [J]. 中国农村观

察，2014（6）：2 – 13.

[15] 李建平. 朝阳市设施农业保险的必要性及建议 [J]. 现代农业科技，2013（15）：231 – 235.

[16] 李俊高. 中国农业补贴制度转型与政策选择研究 [J]. 上海经济研究，2018（7）：119 – 128.

[17] 李旭. 我国现代农业园区功能及效益分析 [D]. 太原：山西农业大学，2017.

[18] 林武坤. 番禺设施农业建设补贴经验在广东全省推广 [J]. 现代农业装备，2010（12）：40.

[19] 刘莉，唐泽. 四川省首例农业设施确权颁证完成　大棚作抵押融资2000万 [J]. 农业工程技术（温室园艺），2014（11）：112.

[20] 刘守英，王瑞民. 农业工业化与服务规模化：理论与经验 [J]. 国际经济评论，2019（6）：9 – 23.

[21] 刘炜. 发达国家涉农税收优惠政策经验对我国农业农村优先发展的启示 [J]. 农村金融研究，2019（4）：50 – 55.

[22] 刘兆莹. 试点农地流转有利于完善农金要素市场 [N]. 中国城乡金融报，2012 – 08 – 29（B01）.

[23] 罗德安. "两权"抵押贷款试点的难点 [J]. 中国金融，2019（7）：102.

[24] 牛玉莲. 农村"两权"特殊性及抵押处置问题研究 [J]. 金融发展研究，2017（6）：83 – 85.

[25] 潘妍妍，涂文明. 破解农村金融发展不平衡不充分问题的经济逻辑与政策路径 [J]. 财经科学，2019（3）：28 – 38.

[26] 齐皓天，龙文军. 上海市开展设施农业保险的探索与实践 [J]. 中国农垦，2012（10）：64 – 67.

[27] 秦丞. 陕西省农业保险与小额信贷互动模式探究——基于设施蔬菜"银保富"项目实施情况的调查 [J]. 商业文化（下半月），2012（4）：108 – 109.

[28] 山东省农业机械管理办公室. 多措并举　促进设施农业快速发展 [N]. 中国农机化导报，2010 – 01 – 18（4）.

[29] 申鑫，夏云，侯晓丽. 江苏省开展设施农业保险的经验和启示 [J]. 中国保险，2013（9）：32 – 34.

[30] 宋丽婷. 新中国70年城乡差距变化的三个阶段 [J]. 山西师大学报

（社会科学版），2019，46（6）：19－22.

[31] 孙杰. 我国设施农业用地分布形态研究与优化 [D]. 北京：中国地质大学，2016.

[32] 檀竹平，洪炜杰，罗必良. 农业劳动力转移与种植结构"趋粮化"[J]. 改革，2019（7）：111－118.

[33] 唐德祥，周小波，杨无限. 农村"三权"资产抵押贷款的风险生成、衡量及其防范建议 [J]. 江苏农业科学，2015，43（1）：409－412.

[34] 田逸飘，张卫国，刘明月. 农村产权抵押物变现的现实困境与破解对策 [J]. 西部论坛，2016，26（5）：26－33.

[35] 万广军，杨遂全. 农村产权抵押融资的抵押物研究——成都经验的启示 [J]. 经济体制改革，2011（2）：92－97.

[36] 王超. 江苏省高效设施农业保险运作效果及影响因素研究 [D]. 南京：南京农业大学，2017.

[37] 王丽娟. 金融支持设施农业发展情况研究——基于甘肃省平凉市180户设施农业主体的调查 [J]. 西部金融，2018（5）：61－65.

[38] 王树茂. 打造现代农业资产管理模式 [N]. 中国财经报，2012－10－27005.

[39] 向兰俊. 农村房屋及集体土地使用权不宜作贷款抵押物 [J]. 广西农村金融研究，2001（6）：75－97.

[40] 谢建国，张宁. 技术差距、技术溢出与中国的技术进步：基于中美行业贸易数据的实证分析 [J]. 世界经济研究，2020（1）：12－24，135.

[41] 徐慧，戴飞虎. 内蒙古自治区开展设施农业保险的探索与实践 [J]. 安徽农业科学，2014，42（6）：1845－1846.

[42] 杨伦. 我国农业资本存量估算 [J]. 时代金融，2019（5）：216－218.

[43] 易远宏，王艳. 制度经济学视角下农村资金外流问题研究 [J]. 金融理论与教学，2019（3）：30－35.

[44] 殷一博. "拐点"之际的农业劳动力深层次转移思考 [J]. 理论界，2019（8）：42－49.

[45] 张冀民，高新才. 农民合作社农业资产抵押融资模式研究 [J]. 经济纵横，2016（2）：84－87.

[46] 张露，杨俊孝，王泰安，雷世文. 农业补贴对农户农地转入行为的影响——以新疆奇台县为例 [J]. 江苏农业科学，2018，46（18）：339－343.

[47] 张涛. 国家竞争优势的来源——知识生产、知识资本化和制造基础

[J]. 探索与争鸣, 2019 (7): 136 - 146, 160.

[48] 赵祎馨. 试析马克思绝对地租理论及其当代应用发展形式 [J]. 报刊荟萃, 2017 (8): 12.

[49] 祝娟. 基于抵押物创新的设施农业融资模式研究 [D]. 兰州: 兰州交通大学, 2016.

[50] Brown J D, Earle J S. Finance and growth at the firm level: evidence from SBA loans [J]. The Journal of Finance, 2017, 72 (3): 1039 - 1080.

[51] Buckland R, Davis E W. Finance for growing enterprises [M]. Routledge, 2016, pp. 121 - 169.

[52] Chen S, Chen X, Xu J. Impacts of climate change on agriculture: Evidence from China [J]. Journal of Environmental Economics & Management, 2016, 76 (8): 105 - 124.

[53] Lockwood W W. Economic development of Japan [M]. Princeton University Press, 2015. pp. 499 - 529.

[54] Sági J. Credit guarantees in smelending, role, interpretation and valuation in financial and accounting terms [J]. Economics Management Innovation, 2017, 9 (3): 62 - 70.

[55] Sterk S E, Penalver E M, Bronin S C. Land Use Regulation (Second Edition) [J]. Social Science Electronic Publishing, 2018, 10 (1): 10 - 19.

[56] Wenjing Han, Xiaoling Zhang, Xian Zheng. Land use regulation and urban land value: Evidence from China [J]. Land Use Policy, 2020, 92.

[57] Yildiz Ö, Rommel J, Debor S, et al. Renewable energy cooperatives as gatekeepers or facilitators? Recent developments in Germany and a multidisciplinary research agenda [J]. Energy Research & Social Science, 2015, 6: 59 - 73.

[58] Zhang P, Zhang J, Chen M. Economic Impacts of Climate Change on Chinese Agriculture: The Importance of Relative Humidity and Other Climatic Variables [J]. Journal of Environmental Economics & Management, 2017, 83: 8 - 31.

后　记

我清楚地记得 2015 年 6 月 10 日上午打开手机，看到有同事在 QQ 上恭喜我获批国家社科基金青年项目"现代农业工程设施资产的盘活模式研究"时的情景，真是非常激动和兴奋。我很快将这个消息告诉了我的家人和课题组的几位同事，他们的祝贺让我感受到了做学问的快乐感和成就感。课题获批之后，我和课题组其他成员紧锣密鼓地展开了课题的调查和研究工作，希望能够不负国家哲学社会科学规划办公室领导和同行评议专家们的托付，完成好项目的研究工作。在研究中，课题组也遇到了一些困难，特别是 2016 年 3 月，作为课题主持人的我不慎摔伤，导致了脑震荡和骨折，虽然后来痊愈，但是确实在一定程度上影响了课题的研究工作。幸运的是，在家人的照顾下，这次意外没有留下后遗症，我和课题组成员紧密配合，继续推进了该项目的研究工作。

时间过得很快，从项目立项到完成项目结项报告初稿，过去了四年多的时间。在这四年多的研究工作中，我要感谢安徽农业大学有关领导对项目研究工作的支持和关怀，他们在项目申报初期组织多次辅导，在项目立项后主动为课题组联系调研单位，关心项目进度，坚定了我们完成好课题的信心。我要感谢我的家人，是你们牺牲了自己的时间，照顾受伤的我，让我较快地恢复并重新投入工作中，让我感觉到了生活的温暖。我要感谢我课题组的同事、学院的其他同仁以及我读书时的伙伴，你们为课题的调研、设计和研究提出了很多宝贵的意见，打开了我们的思路，帮助了项目的实施。我要感谢我的研究生们，你们细致的工作很好地支持了项目的推进，也让我实现了教学相长。感谢我的同门师姐，北京工业大学循环经济研究院的刘婷婷研究员，感谢您对项目调研工作的大力支持，以及对项目研究思路的多次指导，您的支持和帮助对项目的推进起到了很大的作用。要特别感谢国家发展改革委产业经济与技术经济研究所姜长云教授，感谢您在学术上对我的指导、帮助和鼓励，坚定了我踏踏实实搞研究、认认真真做学问的信心。最后要衷心感谢经济科学出版社为本书出版提供的帮助！

读书、学习、研究是很快乐的事，我会带着感恩、带着希望，沿着学术的路不松劲、不停步、再出发。

杜宇能

2021 年 6 月